中社智库

中国社会科学院丝绸之路研究院

迈向共建
“一带一路”高质量发展

主　编◎王镭
副主编◎马峰　金哲

中国社会科学出版社

图书在版编目（CIP）数据

迈向共建“一带一路”高质量发展／王镭主编．—北京：
中国社会科学出版社，2020.12
ISBN 978－7－5203－7125－4

Ⅰ．①迈…　Ⅱ．①王…　Ⅲ．①“一带一路”—国际合作—文集
Ⅳ．①F125－53

中国版本图书馆CIP数据核字(2020)第169212号

出 版 人　赵剑英
责任编辑　喻　苗
责任校对　王佳玉
责任印制　王　超

出　　版　中国社会科学出版社
社　　址　北京鼓楼西大街甲158号
邮　　编　100720
网　　址　http://www.csspw.cn
发 行 部　010－84083685
门 市 部　010－84029450
经　　销　新华书店及其他书店

印　　刷　北京明恒达印务有限公司
装　　订　廊坊市广阳区广增装订厂
版　　次　2020年12月第1版
印　　次　2020年12月第1次印刷

开　　本　710×1000　1/16
印　　张　18
字　　数　188千字
定　　价　96.00元

前 言
开辟"一带一路"研究新境界，推动共建"一带一路"高质量发展

王 镭*

2020年是极不平凡的一年。突如其来的新冠肺炎疫情给世界带来重大冲击。在习近平同志为核心的党中央坚强领导下，中国举国上下勠力同心，取得了抗击疫情重大成果，中国成为疫情期间世界上首个经济实现正增长的主要经济体。同时，以促进互联互通为定位的"一带一路"合作大平台，展现出抗冲击的足够韧性，为面临严重威胁的全球产业链、供应链注入了抵御重压的正能量。

2020年10月，中国共产党十九届五中全会胜利召开，会议

* 中国社会科学院国际合作局局长、丝绸之路研究院执行院长。

通过《关于制定国民经济和社会发展第十四个五年规划和二〇三五年远景目标的建议》（以下简称《建议》）。着眼国际国内形势深刻变化，《建议》明确指出要在构建新发展格局中，实行更高水平对外开放，开拓合作共赢新局面。为此，《建议》强调要继续大力推动共建“一带一路”高质量发展。

在新冠肺炎疫情促使世界百年未有之大变局加速演变和中国发展站在历史新起点的背景下，“一带一路”建设重大意义更加凸显，“一带一路”研究也因此被赋予更为丰富的内涵、更为重要的使命，需要与时俱进，不断拓展深化，开辟研究新境界。

一是要与时俱进，开展持续跟踪研究。党的十九届五中全会对构建以国内大循环为主体、国际国内双循环相互促进的新发展格局作出战略部署。新发展格局不是封闭的国内循环，而是在准确把握经济发展客观规律基础上积极应对国际国内形势变化的必然选择。构建新发展格局，“一带一路”是促进国内循环、国际循环的有力助推器，也是联通国内循环和国际循环的关键通道。与此同时，面对单边主义、保护主义、霸凌主义抬头，世界经济中不稳定、不确定因素明显增多，“一带一路”建设中防范风险、统筹安全与发展显得更为迫切。这要求“一带一路”研究必须持续、紧密跟踪形势变化，把握和聚焦新情况、新问题、新趋势，开展有针对性、前沿性、预见性、穿透力的研究，提出精准、管用的应对之策，为“一带一路”行稳致远提供及时、有效智力支撑。

二是要综合全面，开展跨界专业研究。随着跨境贸易、投资、基础设施联通不断走深走实，“一带一路”合作从经济层面日益拓宽到社会、文化等诸多层面，参与各方在诸多层面的关联度不断提升。“一带一路”研究必将日趋成为涵括经济、人文、法制、生态各领域的综合性研究。同时，“一带一路”建设从大写意到工笔画，迈向高质量发展，其中涉及的各领域问题也将趋于细化、专门化。这就需要“一带一路”研究以更为专业的视角、方法，乃至跨学科、跨专业的方式展开。“一带一路”研究需要在提升综合性、专业化水平过程中，提炼新概念、提出新范畴、探索新范式、生成新表述，构建起兼具中国特色、世界眼光、人类情怀的“一带一路”研究学科体系、学术体系、话语体系。

三是要扎实调研，开展深入实证研究。“一带一路”建设是一项谋求中国与世界合作共赢的伟大实践。“一带一路”研究必须面向实践、扎根实践。“一带一路”研究的起点和前提，在于掌握“一带一路”建设中的全面、真实情况。没有调查就没有发言权。“一带一路”研究不能囿于书斋和象牙塔，必须与“一带一路”建设生动实践紧密结合，既洞悉其中存在的条件、潜力和机遇，也掌握其中存在的困难、风险和挑战。秉持实事求是的治学态度，通过对“一带一路”建设项目的实地调研，在与“一带一路”建设者面对面交流中，在丰富的第一手材料、案例研究中，捕捉真问题、新问题，发现共性问题、关键问题，形成规律性认识，在客观、科学的前提下，为“一带一路”建设提出切实管用的政策建议。

中国社会科学院作为国家人文社会科学研究中心和综合性高端智库，高度重视“一带一路”研究。2018 年 7 月，中国社会科学院启动开展“智库丝路万里行”大型海外调研项目。中国社会科学院丝绸之路研究院积极组织推进项目实施。院属 10 余家研究院所组派专家团组，前往亚洲、欧洲、非洲、拉美、大洋洲等地区的 28 个“一带一路”参与国进行专题调研。“智库丝路万里行”项目有力促进了“一带一路”研究，形成了不同学科领域研究团队、专家学者纷纷走进“一带一路”建设一线的生动局面，形成多学科多领域从事“一带一路”研究的可喜格局。调研访问中，中外学者建立广泛联系，为合作开展“一带一路”研究打下坚实基础。

《迈向共建”一带一路”高质量发展》汇集了中国社会科学院丝绸之路研究院 2018 年、2019 年组织实施“智库丝路万里行”项目以及“一带一路”跟踪研究产生的成果。2020 年，调研访问因疫情暂时停顿。但疫情终将过去，可以预见，伴随在新发展格局中国内国际循环相互促进，共建“一带一路”必将更加富有生机，“一带一路”研究也必将日趋成为显学，为共建“一带一路”高质量发展，为推进构建人类命运共同体贡献更多智慧和力量。

目　　录

在抗疫合作中推进共建“一带一路”，推动构建人类命运共同体

王　镭*

“一带一路”倡议提出 7 年来，有近 170 个国家和国际组织加入进来，已经从中国倡议发展成为全球性倡议。随着新冠肺炎疫情在全球爆发，在抗击疫情的严峻考验中，更显示出“一带一路”这一国际合作平台的独特价值，验证了“一带一路”是推动构建人类命运共同体的重要载体。

一　“一带一路”成为国际合作抗疫的宝贵平台

新冠病毒是所有国家的公敌，克服新冠大流行需要国家之

* 中国社会科学院国际合作局局长、丝绸之路研究院执行院长。

间的合作和全球层面的团结。面对疫情挑战，"一带一路"成为国际合作抗疫的宝贵平台。

首先，疫情发生以来，中国与"一带一路"沿线国家团结抗疫，体现了维护人类健康安全的责任担当。中国向"一带一路"沿线多国派出医疗团队，提供抗疫物资，分享抗疫经验，并承诺在疫苗研发完成并投入使用后将其作为全球公共产品。与此形成对照的是，个别国家将政治凌驾于疫情，对别国无端指责，某些政治人物为达到为自己所犯错误辩护的目的，"甩锅"推责，转移视线，企图利用这场灾难获取政治利益。2020年6月举办的"一带一路"国际合作高级别视频会议发布联合声明，指出新冠病毒是全球性挑战，需要通过全球团结互助和多边合作予以应对，强调各方要本着以人民为中心的理念开展互利合作，共建健康丝绸之路。与会各国以"一带一路"合作为平台，向国际社会宣示了坚持多边主义、主张团结抗疫的共同立场。

其次，在后疫情时代，中国将与"一带一路"沿线国家携手着力打造卫生健康共同体。疫情终将过去，但突如其来的新冠肺炎疫情启示人类，共同维护生命健康安全应是国际合作的一项恒久主题。2017 年 8 月，在北京举行的"一带一路"暨"健康丝绸之路"高级别研讨会上，来自参会 64 个国家的代表就曾共同签署"一带一路"卫生合作暨"健康丝绸之路"北京公报，搭建起"一带一路"国际卫生合作平台。面对疫情带来的重大挑战，"健康丝路"理念的重要性更加凸显，"健康丝绸之路”国际合作框架将得到更多关注和多方加强。“一带一路”沿线国家将在重大传染性疾病检测、防控和应对方面深化协调协作，为构建人类卫生健康共同体提出创新性方案和务实性举措。

二 共建“一带一路”是促进全球经济复苏的有效途径

一是“一带一路”合作平台在疫情中为促进国际产业链、供应链稳定运行发挥了积极作用。全球物流行业在疫情下受到几十年来最严重冲击。疫情暴发以来，中欧班列作为“一带一路”互联互通的标志性项目，其开行数量逆势增长，对深受疫情影响的海上和航空运输起到替代作用，为欧亚物流链稳定运行提供了有力支撑。

二是“一带一路”合作平台在疫情中展现出抗冲击的足够韧性。据中国商务部统计数据，2020 年 1—7 月，中国企业对“一带一路”沿线国家非金融类直接投资 102.7 亿美元，同比增长 28.9%，占中方同期同类投资总额的 17%，较上年提升 4.5 个百分点。对“一带一路”沿线国家新签承包工程合同额 671.8 亿美元，完成营业额 404.3 亿美元，分别占中方同期对外承包工程新签合同额和完成营业额的 55.2% 和 57.8%。数据显示，疫情发生以来，中国对“一带一路”沿线国家投资合作整体上保持稳步推进。

三是“一带一路”合作平台在后疫情时代对沿线发展中国家和新兴经济体的经济增长贡献可期。广大发展中国家和新兴经济体实现经济增长需要开放的国际贸易投资环境，从而获得发展所需的资金、技术、产品等。但是，在疫情阴云笼罩全球经济的危难关头，美国肆意推行政治单边主义、产业保护主义、贸易霸凌主义，广大发展中国家和新兴经济体发展的外部环境面临更大不确定、不稳定性，发展的外部条件骤然趋紧。在这种背景下，“一带一路”作为倡导开放包容、合作共赢的国际框架，将是发展中国家和新兴经济体获得市场空间以及资金、技术、人员等要素资源的重要通道，将为各参与方在逆全球化风潮下实现复苏和增长提供机会和空间。

四是“一带一路”合作是中国对外开放与合作中的优先项。在2020年6月召开的“一带一路”国际合作高级别视频会议上，中国国务委员兼外长王毅指出，中方愿优先加强与“一带一路”合作伙伴的沟通协调，愿与国际伙伴并肩努力，把“一带一路”打造成合作之路、健康之路、复苏之路、增长之路。面对疫情冲击，在世界主要经济体中，中国经济率先复苏，中国经济稳中向好、长期向好的趋势没有变。伴随中国全面深化改革、扩大开放，中国经济必将依托“一带一路”合作平台为全球经济复苏和增长注入持续动能。

三　“一带一路”符合时代发展潮流，是推动构建人类命运共同体的重要载体

新冠肺炎疫情给经济全球化带来严峻挑战。商品、服务、资金、技术、人员流动的阻碍增加，全球化放慢了步伐。但是，在全球范围合理分工和配置资源有利于实现增长和繁荣的经济规律仍然存在并将继续发挥作用。从长期趋势看，经济全球化的潮流不可阻挡。

共商共建共享原则促进全球化健康发展。“一带一路”致力于构建开放性的世界经济，顺应以经济全球化为特征的时代发展潮流，因而具有持久生命力。“一带一路”秉承和平合作、开放包容、互学互鉴、互利共赢的丝路精神，倡导共商共建共享的全球治理观，为构建更加公正合理的全球治理体系勾画了新愿景，推动经济全球化朝着更加开放、包容、普惠、平衡、共赢的方向发展。正如联合国秘书长古特雷斯所言，“一带一路”倡议使全球化更加健康。共建“一带一路”倡议源于中国，但机会和成果属于世界。

构建人类命运共同体赋予共建“一带一路”丰富内涵。习近平主席提出的人类命运共同体理念被写入联合国大会决议，得到国际社会高度赞赏。在全球抗击新冠肺炎疫情中，凸显了人类命运共同体理念的重大现实意义。当今世界面对诸多带有超国家和跨境性质的威胁和挑战，包括国际恐怖主义、全球气

候变化、网络犯罪、人工智能管控、自然资源衰竭、食品安全等。国际社会只有秉持人类命运共同体理念，在维护公共利益的原则下加强合作，方能战而胜之。反之，如果狭隘追求各自利益，放任蒙蔽和误导，任凭混淆是非，挑拨离间制造分裂，势必导致应对全球性危机陷入被动，伤及国际社会成员共同利益。新冠肺炎疫情表明世界各国是一个休戚与共的共同体，更加彰显了“一带一路”国际合作平台的宝贵价值，也更加彰显了“一带一路”建设作为推动构建人类命运共同体重要载体具有丰富内涵和广阔前景。随着共建“一带一路”迈向高质量发展和朋友圈不断扩大，必将为促进世界繁荣发展、推动构建人类命运共同体做出更大贡献。

“一带一路”倡议在东南亚

张延龙　鲍曙光*

习近平主席2013年分别在哈萨克斯坦和印度尼西亚提出共建“丝绸之路经济带”和共同打造“21世纪海上丝绸之路”的倡议。“一带一路”倡议的提出标志着中国“走出去”进入了一个新的阶段，形成全方位开放新格局。自“一带一路”倡议提出以来，中国与东南亚、中亚、中东欧、非洲等地区经贸、金融和政策等层面沟通不断加强。根据中华人民共和国商务部数据，中国已与86个国家和国际组织签署了101份共建“一带一路”合作协议，2013—2017年，中国与“一带一路”沿线国家进出口总额达69756.4亿美元。《“一带一路”贸易合作大数据报告（2018）》显示，2017年，中国与“一带一路”沿线国

* 张延龙、鲍曙光，中国社会科学院农村发展研究所助理研究员。

家的出口额较 2016 年增长 8.5%，进口额较 2016 年增长 19.8%，近 5 年来进口额增速首超出口额增速，高出 11.3 个百分点。

东南亚是中国四大产品出口市场之一（美国、欧盟和日本），市场需求潜力大，如印度尼西亚约有 2 亿人口，也是中国服务贸易（旅游）、直接投资和基础设施建设的主要输入地区。因而，当前东南亚与中国的经贸关系由于多边贸易的相互依存及中国国力不断提升进入良性互动的发展期，经济合作深入发展，政治互信不断增强，"一带一路"倡议在东南亚进入机会窗口期。

总体看，"一带一路"倡议得到了新加坡、印度尼西亚及泰国政府、大学、智库及企业的积极响应。新加坡国立大学、印尼政策研究中心、泰国清迈大学等研究机构的专家学者对"一带一路"倡议持欢迎态度，深入研究中国发展经验。印尼政府和泰国政府积极参与"一带一路"倡议，希望与中国加强基础设施建设、金融、能源和电力等领域的合作。

一　"一带一路"倡议的主要进展和成就

东南亚是"一带一路"倡议的重要合作地区，东南亚国家既涉及"丝绸之路经济带"，也涉及"21 世纪海上丝绸之路"，发展与东南亚国家的关系对于推动"21 世纪海上丝绸之路"建设举足轻重。自习近平主席提出"一带一路"倡议以来，中国与东南亚国家开展了大量的沟通和合作，"一带一路"倡议取得了丰硕的成果。

（一）政策沟通

自"一带一路"倡议提出以来，中国与东南亚国家在政策方面进行了大量沟通，建立起各种形式的"战略对接"平台和政策沟通渠道，保持了较为密切的互访与交流。"一带一路"倡议与东盟"经济共同体远景规划"对接，强化了合作机制和对话平台。中国—东盟"10+1"、亚太经合组织（APEC）、亚欧会议（ASEM）等，为中国与东南亚国家的合作提供了绝佳平台。2016年第27届东盟峰会提出《东盟经济共同体蓝图2025》，强调消除成员国之间的贸易壁垒，实现基础设施"互联互通"。《东盟经济共同体蓝图2025》所强调的东盟经济一体化与"一带一路"倡议在内涵和内容等方面都存在较高程度的契合，为中国与东南亚国家整体的战略对接奠定了坚实的基础。2017年，第31届东盟峰会和东亚合作领导人系列会议通过了《中国—东盟关于进一步深化基础设施互联互通合作的联合声明》，东盟承诺通过对接《东盟互联互通总体规划2025》与"一带一路"倡议，这是东盟首次就其总体发展规划与"一带一路"倡议对接合作发布正式文件，表明东南亚各国认可"一带一路"倡议的共商、共建、共享原则，在全面对接发展战略、全面推进务实合作方面达成重要共识。同年，中国与东南亚国家举行第九届"泛北部湾经济合作论坛"并发布《中国—中南半岛经济走廊倡议书》，并建立了澜湄合作机制，中国与越南、老挝等东盟国家“一带一路”合作发展迅速。2018 年，中国与东盟还共同积极推进 RCEP（《区域全面经济伙伴关系协定》）谈判，进一步促进区域贸易和投资自由化便利化。

“一带一路”倡议坚持合作方式创新，推动了与具体国家发展战略的对接。“一带一路”倡议与老挝建设“陆锁国变陆联国”战略、越南打造“两廊一圈”战略、柬埔寨实现“四角”战略、印尼建设“全球海洋支点”战略、马来西亚建设“全面发达国家—2020”战略实现对接。中方已与新加坡、缅甸、马来西亚等东盟国家签署政府间合作谅解备忘录，与老挝、柬埔寨政府签署政府间双边合作规划。菲律宾总统杜特尔特提出“大建特建”计划，呼应“一带一路”倡议；印尼总统佐科 5 次访华，与习近平主席 6 次会晤。中国与老挝、柬埔寨签署了《关于编制共同推进“一带一路”建设合作规划纲要的谅解备忘录》和双边合作规划纲要；中泰两国先后签署了关于共同推进“一带一路”建设、开展泰国东部经济走廊建设的谅解备忘录。“一带一路”倡议呈现良好发展态势。

（二）设施联通

自“一带一路”倡议提出以来，中国与东南亚在基础设施建设方面开展了卓有成效的合作。中国—东盟企业组建合资公司综合体承建重大基础设施项目，如印尼雅万高铁、中老铁路、中泰铁路等。2015 年，中缅石油管道全线贯通，中老铁路、中泰铁路和海阳发电厂动工，中国在越南最大投资项目永新燃煤电厂一期动工。中老铁路、中泰铁路项目落地，激活了泛亚铁路网的建设。2016 年，“雅加达—万隆高铁”动工，西哈努克港经济特区“百家企业入园”启动。同年，中国与东盟签署了《中国—东盟产能合作联合声明》。2017 年，第 20 次中国—东盟“10 +1”领导人会议发布了《中国—东盟关于进一步深化基础设施互联互通合作的联合声明》，进一步推动中国与东盟交通战略规划对接。2018 年，雅万高铁全面开工建设，即将成为印度尼西亚乃至东南亚的第一条高速铁路；同年，马来西亚南部铁路项目也正式开工，中老铁路重点工程跨湄公河特大桥主桥基础施工全面完成，境内段玉磨铁路元江特大桥再次提速，正式进入钢桁梁安装阶段。中国与东盟国家的立体国际大通道已初具雏形，通向东南亚的公路大通道国内段全部达到高等级及以上公路标准，中缅铁路、中越铁路和中老铁路等出境铁路已被纳入泛亚铁路和中国国家中长期铁路发展规划。

（三）贸易畅通

自“一带一路”倡议提出以来，中国与东南亚国家的贸易和投资合作不断深入，中国与东盟国家贸易合作越来越密切，各类项目合作逐步深入。21 世纪——特别是 2010 年中国—东盟自由贸易区全面启动——以来，中国与东南亚国家的贸易关系越来越密切。中国连续多年成为东盟第一大贸易伙伴，东盟则是中国第三大贸易伙伴。东盟也是“一带一路”建设的重点和优先地区。从贸易额看，中国与东盟国家双边贸易额从 2010 年的 2928.6 亿美元增长到 2017 年的 5148.2 亿美元，年均增长 8.7%，其中，2017 年中国与东盟国家贸易额达 5148.2 亿美元，同比增长 13.8%，首次突破 5000 亿美元。出口方面，中国是新加坡、泰国的第一出口目的国，是马来西亚等国的第二出口目的国。从贸易额比重看，2017 年，新加坡、泰国、马来西亚等国家对中国出口额比重均超过 10%，与 2016 年比，对中国的出口额比重有所上升。进口方面，中国是新加坡、泰国、越南和马来西亚的第一大进口来源国。

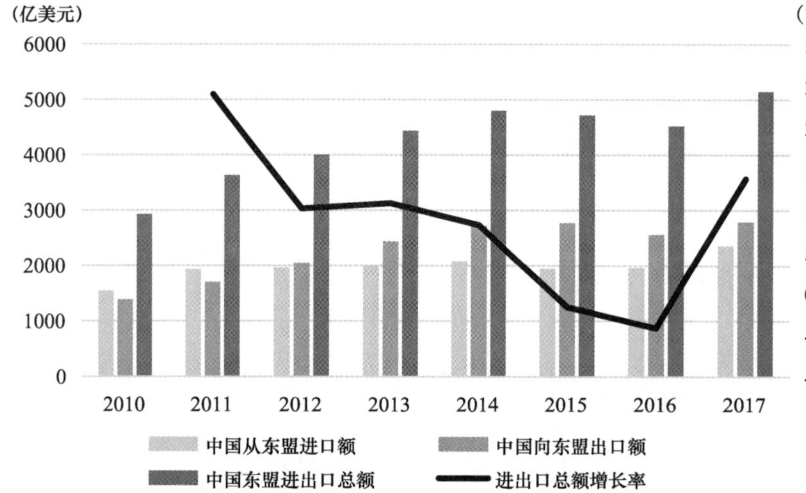

图 1　中国与东盟进出口情况

跨国产业园区是中国—东盟"一带一路"经济合作模式的重要创新，中国与柬埔寨、印度尼西亚、缅甸、老挝、越南等国家开展跨国产业园区合作共建。中马钦州产业园与马中关丹产业园的“两国双园”模式成为双边合作的典范，中国—老挝跨境经济合作区、中国—越南跨境经济合作区等一大批合作园区也在加快建设。2017 年，中国广东、广西与东盟国家签署“一带一路”环保与产业合作集聚区共建协议，加强环保技术协同创新、产业合作开发与人力资源共享等方面的合作。

在承包劳务方面，截至 2017 年年底，中国企业累计在东盟国家签订承包工程合同总金额 3527 亿美元，完成营业额 2284.5 亿美元。其中，2017 年中国与东盟国家共新签合同额 709 亿美元，同比增长 51.9%；完成营业额 336 亿美元，同比增长 21.9%。

（四）资金融通

资金融通是“一带一路”项目建设的重要支撑。“一带一路”框架下，中国与东南亚国家的资金融通不断深入。东盟 10 国均是亚洲基础设施投资银行的创始成员国，丝路基金、中国—欧亚经济合作基金、中国—东盟海上合作基金、中国—东盟投资合作基金以及澜湄合作专项基金等均是中国与东南亚国家资金融通的重要平台。其中，规模为 400 亿美元的丝路基金，专门为相关项目提供资金支持，东南亚地区是丝路基金支持的重点区域。2015 年，东盟 10 国作为创始国加入中国发起的亚洲基础设施投资银行，2016 年支持项目中有 1/3 来自东盟国家项目。

东盟一直是中国对外投资的主要目的地之一。从对外直接投资看（图2），除个别年份外，中国对东盟直接投资额以较快速度增长，从2006年的3.36亿美元增长到2017年的141.1亿美元，年均增长高达52.3%。2017年，中国对东盟直接投资141.1亿美元，占中国对外直接投资比例达8.9%。中国对外直接投资流量前20位的目的国（地区）中，东盟占5个，其中新加坡、马来西亚、老挝、印度尼西亚和泰国均已超10亿美元。从存量看，截止到2017年，中国在东盟国家累计投资总额为890.1亿美元，东盟在华累计投资总额为1110亿美元，中国与东盟双向投资累计达近2000亿美元。

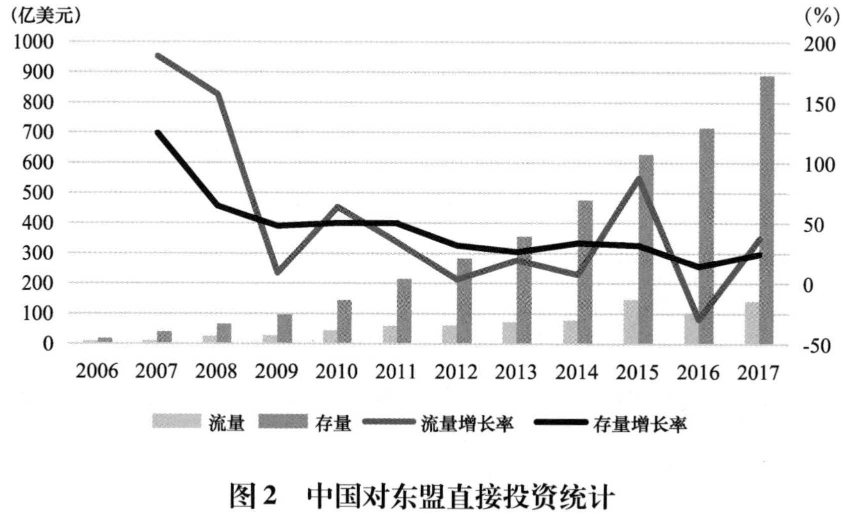

图2　中国对东盟直接投资统计

从直接投资国别情况看，在东盟国家，投资额排名前三位的国家分别为新加坡、马来西亚和印度尼西亚。老挝、泰国和越南也是中国重要投资国。2017年，东盟对中国新增投资94.7亿美元，同比增加1.6%，其中新加坡对华投资47.6亿美元，

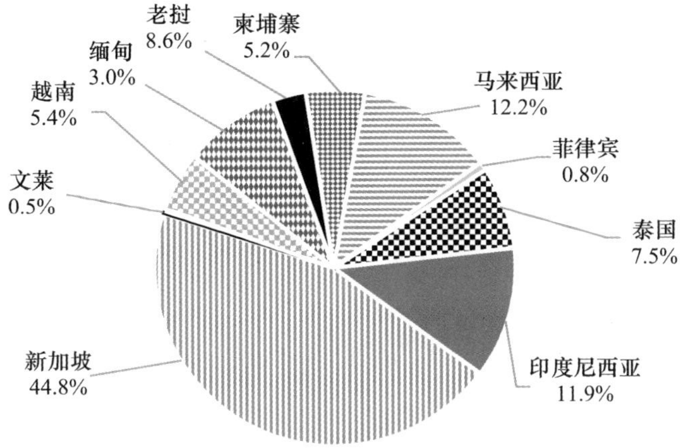

图 3　2017 年中国对东盟直接投资情况——流量

长期稳居东盟对华投资第一大国地位。

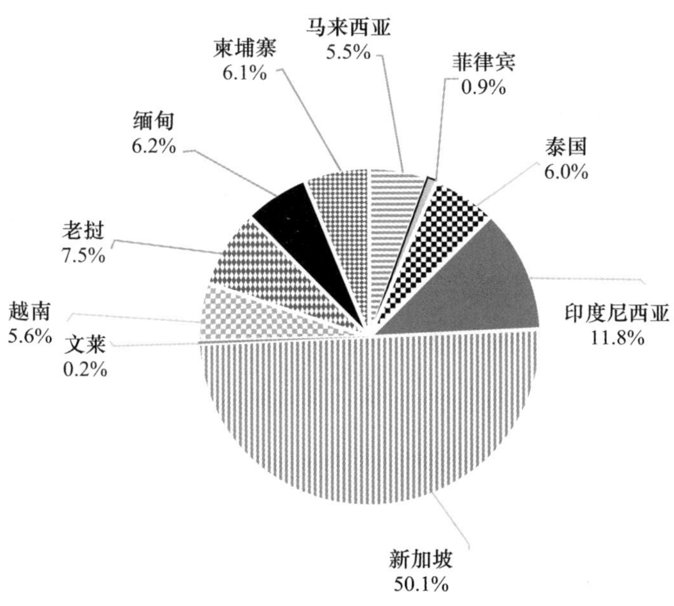

图 4　2017 年中国对东盟直接投资情况——存量

随着双边经贸合作的继续深化，当前中国企业投资领域已从制造业、采矿业、批发零售等逐步拓展到电力、供水、电信等基础设施建设和更加丰富的商贸服务业。随着“一带一路”倡议的稳步推进，未来将有更多中资企业参与东盟的基础设施建设、铁路、港口、油气管道、能源等大型项目中。中国与东南亚国家合作与贸易将面临前所未有的大好机遇。根据亚洲开发银行的估算，2010 年至 2020 年，东盟地区基础设施建设资金需求总额将达到 8 万亿美元。

（五）民心相通

“一带一路”倡议提出以来，中国与东南亚国家的交流进一步增强，从官方到民间，从文化、教育到旅游等诸多领域，双方的合作不断深化。2013 年和 2015 年，第一届和第二届中国—东南亚民间高端对话会先后举行，第二届对话会面向中国及东南亚各国非政府组织、智库、媒体、企业、政府部门发布了《中国—东南亚民间交流合作倡议书》。

教育和人文交流成为中国和东南亚国家关系的重要纽带。自 2014 年至今，中国先后发布《推进共建“一带一路”教育行动》计划、《中国—东盟文化合作行动计划（2014—2018）》等，为新阶段中国与东盟国家开展教育文化对话与合作提供了指导性文件。在第二届中国—东盟教育部长圆桌会议上，中国与东盟共同发布《中国—东盟教育合作行动计划（2016—2020）》，进一步开展教育互联互通合作、人才培养培训合作、共建丝路合作机制。中国和东盟积极开展文艺会演、广播电影电视、书籍出版、文化展览等内容多样的文化交流活动。双方人员往来也越来越密切，2016 年，中国—东盟人员互访人次已达 3000 万人，2017 年进一步增加到近 5000 万人次，互派留学生 19 万人次，每周有 2700 余架次航班穿行于中国与东盟国家之间。

二 “一带一路”倡议发展展望

（一）搭建“一带一路”合作平台、共赢舞台

1. 从“大写意”到“工笔画”发挥政府搭台、市场唱戏作用

“一带一路”倡议充分发挥市场配置资源的决定性作用，政府搭台，企业发挥重要牵引作用。“一带一路”倡议的重心在“五通”。企业是“一带一路”建设的主体，因此要充分调动和发挥企业的积极性、自主性。要完善市场机制，通过市场化方式，促进企业对接东南亚市场，以企业为纽带，打造各国利益的共同体，责任共同体，命运共同体。加强资金融通，创新公私合作模式，引入市场机制，引导和吸纳金融社会资本流向“一带一路”倡议相关领域，形成多元参与的互联互通、公私合作模式。同时，也要发挥政府在政策支持、资金保障、信息传递、平台建设等方面的关键作用，通过深化行政体制改革，提高金融等服务水平，加强公私合作等方式，为企业“走出去”

提供必要政策保障。

2. 实现发展需求对接，共建、共赢、共享"一带一路"

"一带一路"倡议是国际公共产品，各国合作的大舞台。这既需要注重短期内积极推进，力争较快取得显著效果，也要着眼长远，制定长期发展规划，建立长效机制。实现中国发展与东盟国家经济社会发展规划对接。根据双方当前需求和中长期愿景，着眼长远的规划、计划或方案。从当前条件出发，突出具备现实可行性、具有示范作用的重点项目，让中国人民与东南亚人民共享共建"一带一路"发展成果。通过示范作用以点带面形成新的突破。同时，推动中国与东南亚国家高标准自贸区和国际合作经济走廊等机制和平台建设，努力形成共同发展、共同繁荣的利益共同体、命运共同体和责任共同体。

3. 调动各方积极性，提升企业和社会组织参与能力

首先，要针对企业走出去的风险和障碍，建立企业走出去一揽子支持政策体系。通过发布投资指引、加强培训、构建针对企业的投融资优惠政策、扶持华人商会提升对外企业组织化程度等措施，解决企业走出去面临的难题，降低企业走出去风险。其次，要构建服务"一带一路"倡议的中国商会、NGO 组织体系。在印尼中国商会总会调研中，课题组了解到中国驻印尼大使馆对中国华人商会总会的扶持和帮助，极大降低了在印尼中国企业的生产经营风险，这是值得总结和提倡的。因此，要根据不同类别的社会组织，制定差异化扶持和激励政策，提升社会组织服务能力，同时推动社会组织"走出去"，积极参与

“一带一路”建设。在东南亚很多国家，华人都有相当影响力，因此要注意通过社会组织与华侨界和当地华人社区建立并维护关系，从而利用这些特色优势推进“一带一路”倡议。

4. 统筹与东南亚国家及各大国外交关系

首先要进一步突出多边层面的规则和制度建设，尊重东盟在合作中的主导地位和东南亚国家利益，搭建稳定可预期的、互惠互利、公开透明的合作机制和平台，探索构建地区安全合作机制，加强与周边国家的民间交往和文化交流，一方面提升中国国家形象，夯实双边发展民意基础，另一方面让更多国家参与进来，提升各国合作主动性和积极性。其次，“一带一路”要对接各大国在东南亚的发展战略。要加强中国与美国、日本等发达国家对话交流，建立正式和非正式探讨、磋商和交流机制，增进互信。同时，要挖掘中国与主要发达国家“一带一路”合作利益汇合点，推动各国参与“一带一路”建设，成为“一带一路”的直接利益相关者。

（二）加快“一带一路”合约治理体系的构建

1. 应加快构建“一带一路”法治化体系。“一带一路”倡议的核心是推动中国与沿线国家在投资、金融、基础设施建设及经贸合作等领域的合作，但不可否认，“一带一路”合作充满着不确定性，进而带来了合约不稳问题。因而，首要的问题是要构建以原则为导向的法制化体系，保障缔约主体的合法性、缔约程序的规制性及合约维护的规范性。这一法制化体系的构建主要包含两方面的内容。首先，充分学习和了解沿线国家国内法律体系，同时中国与沿线国家在外经贸法律制度、涉外民商法律制度的构建以沿线国家法律体系为依据，遵循他国法律原则，营造稳定、可预期性的“一带一路”法制发展环境。其次，构建“一带一路”区域性协调法律体系，这不仅包括双边、区域性及多边贸易与投资贸易协定，还应包含区域性法律机构，协调沿线国内法律与区域性国际法之间的冲突，按照共商、共建、共享的发展理念，推动“一带一路”法制化体系的可持续发展。

2. 加快构建“一带一路”文化体系。“一带一路”文化体系的构建应包含两个部分。其一，加强与沿线国家民间、企业等多层次的文化交流，首先是了解，其次是尊重沿线国家文化，不断地总结文化差异所导致的思维及行为差异，在合约机制设计上对其差异进行仔细斟酌，保证合约内容的理解上趋于一致及合约执行的可行性。如，印尼穆斯林每周五下午要在清真寺做礼拜，因而在当地签订用工合同时，应对这一状况给予充分考虑。其二，构建“一带一路”区域性文化及宣传体系。要加强对沿线国家宣传资源的投入，如增加新闻采编人员，及开展广泛专题性国家会展及交流会，对“一带一路”的共商、共建、共享的合作文化进行宣传和推广。通过相互了解，增强民间、企业和政府间的互信，减少合作及签约阻力。

力求通过文化来建立比较亲密的合作关系进而形成一种保障机制维护合约稳定。通过文化沟通与学习，企业可以在当地形成半熟人社会，形成基于熟人信任的合作关系。而这种关系给合约治理提供了切实可行的非正式制度手段。当弱关系存在于企业当地社会网络中，这种弱关系会提供一定的信息流，减少非对称信息对于合约的影响，同时可以及时了解到可能出现的“风险点”进而及时规避。当强关系存在时，这种强关系会产生一种排他性，即通过强社会关系逼迫违约人离开社交圈进而产生惩罚。由此可见，通过文化沟通与学习，进而构筑社会关系网对于微观“一带一路”合约治理非常重要。

这也说明在“一带一路”合作中经济关系与社会关系是相互嵌入的。“一带一路”合约的微观治理离不开两者的相互作用。从理论及实践来看，企业在不同阶段对于经济关系与社会关系的偏重应该是不同的。在项目开展初期，经济关系对于合约稳定是较为重要的，因为理性和利润最大化是存在的。而当双方对于经济目标及利益分割较为满意时，社会关系逐步变得重要，这时社会关系成为了经济关系的替代，合作关系开始逐步升级为以信任为基础的熟人关系，合约稳定性出现了递增。由此可见，“一带一路”合约微观治理又是关系的治理，是异质性关系向同质性关系转变的过程，在此基础上衍生出相互间的非正式治理手段。

“一带一路”倡议下的中国与印尼合作

张　洁　郭继光*

印度尼西亚是东南亚第一大经济体，也是“21世纪海上丝绸之路”的首倡之地。2013年10月，习近平主席在印尼提出共建“21世纪海上丝绸之路”倡议，2014年印尼提出“全球海洋支点”战略，两国先后提出新的发展规划，为双边全面合作注入了强大动力。到2015年3月，中印尼签署发布了《关于加强两国全面战略伙伴关系的联合声明》，声明指出，“一路”倡议和“全球海洋支点”战略构想高度契合，双方同意发挥各自优势，加强战略交流和政策沟通，推动海上基础设施互联互通，深化产业投资、重大工程建设等领域合作，推进海洋经济、海洋文化、海洋旅游等领域务实

* 张洁，中国社会科学院亚太与全球战略研究院研究员；郭继光，中国社会科学院亚太与全球战略研究院助理研究员。

合作，携手打造“海洋发展伙伴”。

一 印度尼西亚国内的基本情况

印度尼西亚是世界最大的群岛国家，陆地面积约 190.4 万平方千米，约有 2.6 亿人口，是全球第四大人口国，仅次于中国、印度和美国。印尼战略位置显著，是沟通亚洲和大洋洲、太平洋和印度洋的交通枢纽。印尼还是东南亚地区最大的经济体，国土、人口和经济总量均占到东盟十国的 40% 左右；印尼也是东盟创始成员国和“20 国集团”（G20）成员国。因此，印尼具有重要的国际与地区影响力。

近年来，印尼实现稳定发展，国家发展战略连续、有效，佐科总统执政以来致力于经济发展。据统计，除 2015 年以外，从 2014 年至今，印尼的 GDP 年度增长率都保持在 5% 以上；吸引外资持续较快增长，每年保持 15% 以上增速，并连创历史新高。因此，国际社会和中国在印尼的企业普遍看好印尼，认为其经济前景良好，市场潜力巨大。

印尼是全球重要的投资市场之一，近年出台了一系列贸易和投资政策措施，优化营商环境。由于印尼财政赤字收紧、政府债务比例下降、经济增长稳定，致力保持总体经济基本面稳定，获得了国际肯定。世界银行数据显示，2017 年印尼投资环境排名在 190 多个经济体中居第 72 名，提高了 19 个位次。国际评级机构 Fitch 将印尼信用评级由 BBB－提高到 BBB＋，而

S & P 和 Moody's 也提升了印尼信用评级，这反映了在全球经济波动复苏形势下国际市场对印尼经济整体向好、投资者对佐科政府经济改革有序推进的肯定。

印尼的经济发展具体表现为：第一，吸引外资持续较快增长，每年保持 15% 以上增速，并连创历史新高；第二，经济在转型中保持稳定增长，国家发展战略具有连续性；第三，经济增长前景看好，市场潜力大。除基础设施领域外，旅游、电子商务等行业成为新的投资热点，具有较强增长后劲。

二 "一带一路"倡议与印尼的"全球海洋支点"战略形成对接

2013 年 10 月，习近平主席在印尼提出了共建"21 世纪海上丝绸之路"的倡议，这充分体现了中国在周边外交中对于印尼的高度重视。2014 年，新任总统佐科提出"全球海洋支点"战略，也引起了中国的高度关注。同时，印尼也高度重视"一带一路"倡议，并且持积极欢迎态度，2014 年 11 月 25 日，印尼成为亚洲基础设施投资银行第 22 个意向创始成员国。2015 年 3 月，中印尼签署发布了《关于加强两国全面战略伙伴关系的联合声明》，达成共识，携手打造"海洋发展伙伴"。2017 年 5 月，佐科总统亲自来华参加"一带一路"国际高峰论坛。因此，随着"一带一路"倡议与"全球海洋支点"战略的深入对接，中印尼两国在投资、贸易和基础设施等领域的合作均取得了丰硕成果。

(一)“全球海洋支点”战略的基本内容

2014 年，佐科政府正式宣布“全球海洋支点”战略，该战略包括经济、政治、外交、军事、文化等多个维度，其中又以两个层面为主，一个是经济，另一个是政治及军事，还专门成立了海事统筹部，统筹四个相关部门：海事与渔业部、旅游部、交通部、能源及矿业部，意在深度开发与利用海洋资源，发展海洋经济。①

与印尼近年的经济发展举措相比较就会发现，“全球海洋支点”战略是在原有经济发展规划基础上的增量改革。印尼政府曾在 2011 年宣布《2010—2025 年加速与扩大印尼经济建设总规划》，提出了未来 15 年加快经济建设的三大纲领，并且以建设六大经济走廊为重点。② 根据经济走廊计划，印尼将在国内主要岛屿上建立经济和商业中心群，以带动和发展当地经济。经济走廊主要分布在各岛海岸线上，通过高速公路连接起主要岛屿的经济中心。其目的是通过经济走廊建设，集中起各自优势，以形成整体经济发展合力。从 2010 年至 2030 年，经济走廊基建工程计划需要投入资金约 9327 亿美元，主要用于建设铁路、

---

① 廖建裕：《佐科的海洋强国梦》，[新加坡]《联合早报》2014 年 11 月 7 日。

② 《印尼出台多项措施促进经济增长》，中国—东盟自由贸易区网站，2011 年 4 月 18 日，http://www.cafta.org.cn/show.php?contentid=75435。

公路、港口、发电站、自来水工程以及连接运输道路等。而“全球海洋支点”战略更加突出强调海洋的重要性，在基础设施建设方面优先规划海上基础设施，如海上高速公路、深海港、航运业和海洋旅游业等。①

（二）印尼发展战略与“一带一路”倡议对接具有良好的基础

中国高度关注印尼的“全球海洋支点”战略主要原因是：第一，中国与印尼具有稳定、良好的双边关系。自 1990 年复交以来，中国与印尼的双边政治关系不断得到提升。2005 年，两国建立了战略伙伴关系，近年来更是首脑会晤频繁，继 2012 年 3 月时任印尼总统苏西洛访华后，2013 年 10 月习近平主席访问印尼，中印尼双边关系提升为全面战略伙伴关系。2014 年 11 月，佐科总统参加 APEC 会议并与习近平主席进行了会晤。2015 年 3 月，佐科总统来华进行国事访问并出席博鳌亚洲论坛 2015 年年会。2016 年 9 月，习近平主席同佐科总统在“二十国集团”杭州峰会期间举行会见。2017 年 5 月，习近平主席同来华出席“一带一路”国际合作高峰论坛的佐科总统举行会见。②

第二，在“21 世纪海上丝绸之路”建设中，印尼可以发挥

① 张洁：《“一带一路”与“全球海洋支点”：中国与印尼的战略对接及其挑战》，《当代世界》2015 年第 8 期。

② 参见中华人民共和国外交部网站，https：//www. fmprc. gov. cn/web/gjhdq_676201/gj_676203/yz_676205/1206_677244/sbgx_677248/。

战略性支撑作用。这主要表现为：一是印尼拥有重要的地缘战略地位。印尼不仅是马六甲海峡的主要沿岸国之一，而且也是龙目海峡、巽他海峡和望加锡海峡的管辖国。二是印尼是具有影响力的区域性大国，随着近年国内经济形势的好转，印尼在东盟的政治地位逐步恢复并提升，对于促进中国与东盟关系发展具有重要的协调作用。三是中印尼两国在双边关系发展迅速的同时，在一些地区和国际事务中形成呼应。①

第三，"一带一路"倡议与"全球海洋支点"战略存在较强的对接性。就地理因素而言，中印尼的战略具有高度的重合性。"一路"倡议有两个重点方向：一个是从中国沿海港口过南海到印度洋，延伸至欧洲；另一个是从中国沿海港口过南海到南太平洋。印尼正好处在第一个方向的必经之路。而印尼致力于本国东西各岛之间的连接便利和经济发展，则有利于"一路"的更加畅通和互利共赢。就产业发展而言，"一路"将基础设施互联互通作为建设的优先领域，在海上以重点港口为节点，努力建设畅通、安全、高效的运输大通道。而印尼的"全球海洋支点"战略也是以海上基础设施建设为重点，并且提出在未来5年，将投资约58亿美元建设24个海港，并扩建现有的雅加达丹戎不碌港。"互联互通"概念最早是东盟提出的，2010年在第17届东盟首脑会议上，东盟强调经济体的建设将"实现互联

---

① 张洁：《"一带一路"与"全球海洋支点"：中国与印尼的战略对接及其挑战》，《当代世界》2015年第8期。

互通，在基础设施、交通、通信等领域加强合作”，会议还通过了《东盟互联互通总体规划》，明确了基础设施建设、机制构建和人文交流三大重要领域的具体合作目标。其中，关于物资的互联互通，包括了公路、铁路、海路、港湾、数字基础设施、能源基础设施等，印尼还利用东道主地位，将互联互通合作列入 2013 年 APEC 年会的三大优先合作议题，互联互通合作逐渐成为 APEC 的战略性合作方向之一。印尼的一些项目也被列入了地区互联互通合作的规划当中。因此，互联互通是中国与周边国家的共同发展需求。[①] 此外，作为同是资源和人口大国的中国，与印尼在资源、产业和进出口商品结构上具有较强的互补性。

（三）中印尼合作务实深入

中国与印尼同为发展中国家，在发展经济、改善民生等方面面临相似任务，在基础设施、产能和金融等领域具有很强的互补性。目前，两国以对接“一带一路”倡议和“全球海洋支点”战略为主线，全面深化拓展各领域务实合作和友好交流，推动两国关系不断迈上新台阶。

中国对印尼的投资规模持续扩大。据印尼统计，从 2013 年

---

① 参见李文韬《中国参与 APEC 互联互通合作应对战略研究》，载《南开学报》（哲学社会科学版）2014 年第 6 期；王勤、李南《东盟互联互通战略及其实施成效》，载《亚太经济》2014 年第 2 期；［日］清水一史《东盟的地区一体化——以东盟经济共同体的进展为中心》，载《南海资料译丛》2014 年第 2 期。

到2017年，中国对印尼的直接投资从3亿美元快速增至33.6亿美元，同期在印尼利用外资中的占比从1.05%升至10.4%，中国在印尼外资来源国中的排名从第12位跃升至第3位。印尼投资协调委员会最新公布的数据显示，2017年印尼吸收外商直接投资（FDI）总额达323.4亿美元（不含油气行业投资），较上年增长8.5%。新加坡、日本、中国分列印尼最大外资来源地前三名，采矿、机械、电子、工业地产、制药等成为热门投资行业。中国对印尼的投资领域日益广泛。中国企业在印尼的投资涵盖了三大产业，主要涉及经济作物种植与加工、矿冶、电力、地产、家电和电子产品制造及数字经济等领域。以青山集团、广西农垦和天津聚龙建设的3个国家级境外经贸合作区为代表的各类园区，正成为中国企业投资印尼的重要平台。

中国对印尼的投资彰显了中国对外投资互利双赢的本质特征。中国企业在印尼的投资不仅为印尼创造了大量的就业岗位和国家税收，还注重技术转移和人才培训，助推印尼完善产业链。中国企业在苏拉威西岛、加里曼丹岛、马鲁古群岛、巴布亚等爪哇岛以外相对落后地区的投资兴业，大大改善了当地居民的生活，也扎实推动了印尼区域平衡发展战略的实施。

双边贸易量稳定增长。2013年，中国首次成为印尼第一大贸易伙伴，其后一直保持至今；2016年，中国首次成为印尼第一大出口目的国，并呈现继续增长之势，中国是印尼的最大贸易伙伴。根据统计，2018年1—12月，印尼对外贸易3686.8亿美元，同比增长13.2%，其中出口1800.6亿美元，同比增长6.7%，进口

1886.3 亿美元，同比增长 20.2%，累计贸易逆差 85.7 亿美元。其中，2018 年 1—12 月，中印尼非油气产品贸易额 696.4 亿美元，同比增长 22.5%；其中印尼出口中国 243.9 亿美元，同比增长 14.3%，占印尼对外出口总额的 15.0%，居印尼出口目的地首位；印尼自中国进口 452.4 亿美元，同比增长 27.4%，占印尼进口总额的 28.5%。[①]

“一带一路”助力中印尼基础设施建设合作快速增长。“一带一路”倡议不是平地起高楼，而是对现有投资与合作项目的整合与拓展。多年来印尼一直是中国企业海外工程承包前十大市场之一，2016 年中国企业在印尼工程承包的年度新签合同额首次超过 100 亿美元，达 107 亿美元，2017 年同比再增 60%，再创新高升至 172 亿美元。

在印尼调研中，笔者专门走访了中国路桥工程有限责任公司印尼办事处。该办事处成立于 2003 年，到 2018 年累计营业额 5.6 亿美元，先后完成了位于东爪哇省的苏拉马都大桥项目、西加里曼丹省的塔园桥项目等，在建项目则包括梭罗路项目、万隆三期项目等。此外，还在推动包括北苏拉威西省比通经济特区项目等。根据路桥公司负责人的介绍可知，佐科政府上台后提出了在全国打造包括比通在内的 8 个经济特区，希望以此吸引更多的先进性企业，促进印尼国际贸易发展，助力印尼建

① 《2018 年 1—12 月中印尼贸易情况概述》，2019 年 1 月 28 日，中国驻印尼经商参处，http：//www.cic.mofcom.gov.cn/article/economicandtrade/indonesiaoverview/201901/407557.html。

设“全球海洋支点”、“海洋强国”的战略。同时，印尼政府也十分重视“一带一路”倡议，相关部门会定期向中资企业推介投资项目。路桥的经验说明，中印尼两国战略的对接，正在为中国企业在印尼投资创造更多机遇。

根据统计，2013 年 1 月至 2015 年 12 月间，在中国对印尼的 126 起投资项目中，投资最多的行业是金属/采矿业（超过半数涉及金属镍的冶炼和提取）、建筑（大部分为基础设施）和能源（包括电厂建设以及能源提取）。投资第二多的行业是信息科技/电信业、金融业和制造业（各少于总数的 10%）。其中比较有代表性的项目包括：泗马大桥、加迪格蒂大坝等工程项目，巨港电站、风港电站等一大批电站建设项目，以及巴丹岛中石化油储项目、西电变电器生产项目等。2016 年雅加达—万隆高铁建设项目是中国在印尼新动工的最大项目。2017 年中国企业在印尼较大的投资项目包括在南加里曼丹岛 Batulicin 建设的钢铁厂等。

在上述投资中，国有企业占投资项目总数的 55%，民营企业占 32%。中国民营企业在印尼的投资逐年增加，从占总数的百分比来看，从占 2013 年和 2014 年投资总数的 1/3 增长到占 2015 年投资总数的几乎一半。这与中国对外投资的总体趋势相一致，根据中华人民共和国商务部的预测，中国未来对外投资的增长将更集中在民营企业。

除了基础设施建设外，一些新兴产业的合作成为中国与印尼合作的新增长点。印尼投资协调委员会指出，能源、钢铁、电子等领域是印尼吸引投资的王牌，旅游、金融等新领域则开始逐步发力。在旅游业方面，中国是印尼最大的旅游来源国，2016 年赴印尼旅游人数达 140 万人次，2017 年增加到 206 万人次。印尼在华留学生人数超过 1.4 万人次，中国成为印尼第二大留学目的地。在电子商务方面，2.5 亿人口的市场规模将使印尼成为亚太最具吸引力的电商市场，有关印尼电子商务行业，目前仍保持高速增长。其主要投资来源包括中国、新加坡等国，其中，在 2016 年 G20 峰会期间，佐科总统访问了阿里巴巴并邀请马云担任印尼经济顾问，以帮助印尼 800 万中小企业于 2020 年实现电商化。① 2017 年，阿里巴巴向印尼的 Tokopedia 公司投资总值超过 11 亿美元。2018 年，印尼通讯与信息部部长表示，印尼将与阿里巴巴合作，共同探讨利用阿里巴巴平台扩大印尼对外出口，特别是对华出口的方式。② 此外，OPPO、VIVO 和小米进入印尼智能手机市场前五位。腾讯、滴滴出行等中国公司对印尼交通行业手机应用的投资规模快速扩大。

亚洲开发银行最新一份报告指出，尽管全球经济仍充满不确定性，但是由于中国经济趋稳向好势头强劲，对于印尼保持稳健的、均衡的增长是利好因素。包括印尼在内的亚洲各国和

① 《马云接受印尼政府邀请要做他们国家的电商顾问》，腾讯科技，2016 年 9 月，http://tech.qq.com/a/20160909/056534.htm。

② 《印尼部长：印尼将与阿里巴巴合作以扩大出口》，2018 年 9 月 3 日，http://www.cic.mofcom.gov.cn/article/doublecooperation/201809/403434.html。

地区均有机会在这一积极的市场预期出现之际，加快推进经济改革、优化生产力结构、促进重点基建项目投资，进而保持宏观调控的正确方向以激发中长期发展潜能。

（四）雅万铁路是"一带一路"倡议在印尼的标志性项目

设施联通是"一带一路"建设的重要领域。中印尼雅万高铁合作的议程开始于 2014 年 11 月，印尼总统佐科来华参加 APEC 会议期间，佐科总统受邀体验了京津城际高铁；2015 年 3 月，佐科总统再度访华，两国签署了《中印尼雅加达—万隆高铁合作谅解备忘录》；同年 4 月，习近平主席出席在印尼举行的亚非会议 60 周年纪念会议，两国元首签署了《关于开展雅加达—万隆高速铁路项目的框架安排》；2015 年 8 月，中国国土资源部部长徐绍史作为习近平主席的特别代表，向佐科总统递交了有关中国建设运营雅万高铁的可行性研究报告；2015 年 10 月 16 日，中国企业联合体同印度尼西亚国有企业联合体正式签署协议，标志着中方正式承接了雅万高铁项目。

2016 年 1 月 21 日，雅万高铁动工仪式在瓦利尼举行；3 月，印尼交通部将雅万高铁的特许经营权给予了中印尼高铁合资公司，双方签署协议，这为雅万高铁的建设运营提供了重要的法律保障；同月，雅万高铁 5 千米先导段正式启动建设；8 月，印尼交通部颁发全线施工许可；10 月，中印尼双方就项目融资信用达成一致，年底草签了贷款框架协议，雅万高铁项目各项法律手续基本完备。2017 年 4 月 4 日，雅加达至万隆高速铁路总承包合同（EPC）在雅加达签署，标志着雅万铁路进入全面实施阶段。

雅万高铁位于爪哇岛西部，连接印尼首都雅加达到印尼第三大城市、西爪哇省省会万隆，一期工程全长 142 千米，为双线电气化，最高设计时速 350 千米，原建设周期为 3 年（2016—2019 年）。项目完成后，雅加达到万隆间将由现在的 3 个多小时缩短到 40 分钟，有望极大改善当地交通状况，并带动沿线区域基础设施建设，商业、电子、物流和旅游产业的开发，提升区域经济社会发展水平。

雅万高铁采取建设、运营、移交融资模式（即为 BOT 融资模式），中印尼高铁合资公司特许运营权原计划始于 2019 年 5 月 31 日，为期 50 年，特许运营权期限结束后将移交印尼政府运营。①

雅万高铁全部采用中国高铁技术和装备，是中国高速铁路从技术标准、勘察设计、工程施工、装备制造到物资供应、运营管理和人才培训等全方位整体“走出去”的第一单项目，也是首个由政府主导搭台、两国企业对企业进行合作建设的第一个铁路“走出去”项目。对于进一步打造“中国高铁”品牌，推动中国铁路“走出去”具有重要的示范效应。② 该项目是中印尼两国领

① 施张兵、蔡梅华：《中印尼雅万高铁面临的困境及其解决路径》，《学术探索》2016 年第 6 期。

② 《动力集团华柴公司发电机组中标印尼雅万高铁项目》，《铁道学报》2017 年 5 月 15 日。

导人亲自推动的重大铁路项目，也是“一带一路”建设的重大早期成果。印尼铁路交通落后，铁路线路仅零星分布在爪哇岛和苏门答腊岛的部分城市，以横向铁路为主，铁路网结构不完备。基础设施建设是佐科政府经济发展战略的重点投资领域，计划在5年内投资约190亿美元建设3248千米的铁路网。如果雅万高铁建设成功，将为中印尼未来合作提供广阔空间。

“一带一路”倡议在印尼深入推进，中国和印尼企业也面临更多发展和合作机遇。

“一带一路”倡议下的中国与蒙古国合作

郑筱筠　嘉木扬·凯朝　王皓月*

蒙古国领土面积约156万平方千米，人口约311万（截至2016年年底）。蒙古国主要民族为蒙古族以及哈萨克族，官方语言为蒙古语。蒙古国地处亚洲中部的蒙古高原，东、南、西三面与中国接壤，北面同俄罗斯的西伯利亚为邻，是中国重要的陆地邻国。

2013年，习近平主席访问蒙古国、哈萨克斯坦和印度尼西亚时提出了共建“丝绸之路经济带”和“21世纪海上丝绸之路”的合作倡议。2017年5月12日，习近平主席在北京人民大会堂会见来华出席“一带一路”国际合作高峰论坛的蒙古国总

* 郑筱筠，中国社会科学院世界宗教研究所所长、研究员；嘉木扬·凯朝，中国社会科学院世界宗教研究所研究员；王皓月，中国社会科学院世界宗教研究所副研究员。

理额尔登巴特时指出，蒙古国是“一带一路”重要沿线国家。中方欢迎蒙方积极参与“一带一路”建设，支持蒙古国发挥连接亚欧大陆的桥梁和纽带作用。要推进中、蒙、俄经济走廊建设，助力三方共同发展。额尔登巴特表示，开放、包容的“一带一路”倡议对解决人类发展不平衡、不稳定问题，对促进世界和平与发展有重大意义，愿发挥连接亚欧大陆的桥梁作用，积极参与“一带一路”建设框架下互利合作。

一 “一带一路”倡议在蒙古国取得的进展

“一带一路”倡议自提出以来受到蒙古国的重视，成为推动中蒙关系发展的重要推动力。

2018 年 8 月，中国国务委员兼外交部部长王毅在访问蒙古国期间，与蒙古国外交部部长朝格特巴特尔共同宣布了乌兰巴托成吉思汗国际机场“一带一路”便捷通道正式开通，具体举措包括为“一带一路”沿线国政府和商务人员提供落地签证待遇，蒙古国驻外使领馆为沿线国家商务人员发放多次入境加急签证等内容。2018 年 4 月，朝格特巴特尔批准了“‘一带一路’——旅行便利化倡议”计划，目前已经或即将在多个口岸开通便捷通道，包括已经开通的乌兰巴托成吉思汗国际机场、蒙中边境扎门乌德—二连浩特口岸，以及即将开通的蒙俄边境阿拉坦布拉格—恰克图口岸等。[①]

2018 年 1 月 17 日，中国驻蒙古国大使邢海明出席了蒙古国“一带一路”中资大型企业俱乐部揭牌仪式。该俱乐部由中国银行、中国国航、中国工商银行、中国石油、中国有色、中国中铁四局、中联水泥、中国烟草等企业驻蒙分支机构联合倡议成立，旨在为在蒙大型中资企业搭建合作共赢新平台，推动会员企业间资源分享、优势互补、实现共同发展，促进中蒙关系。[②]

2015 年 2 月 10 日，在由蒙古国建筑和城市部和蒙古国驻华大使馆主办的“中蒙建筑及城市建设洽谈会”上，一系列来自蒙古国的工程和城建等项目对中国企业敞开怀抱，希望进行招商洽谈。为了鼓励中国企业投资建设，蒙古国提供了多项优惠政策，甚至修订了《外国投资法》，具体措施包括：在蒙古国创立企业不需许可，收购国内企业无须许可；取消战略区域；还对一些项目开出了低息贷款和进口材料免关税的优惠政策。在中国提出“一带一路”倡议后，蒙古国也希望借助中国的资金实力发展本国经济。这场在北京召开的洽谈会吸引了中蒙两国 120 多家政府机构和企业近 300 名代表参加。人口约 300 万的蒙古国大约有 130 万人生活在乌兰巴托。然而乌兰巴托的楼房住户只有 50 万左右，还有 19.7 万个家庭约 76 万人住在平房区。

① 《蒙古国“一带一路”便捷通道正式开通》，2018 年 8 月 29 日，人民网，http：//world.people.com.cn/n1/2018/0829/c1002－30259216.html。

② 《邢海明大使出席蒙古国“一带一路”中资大型企业俱乐部揭牌仪式》，2018 年 1 月 18 日，中国政府网，https：//www.fmprc.gov.cn/ce/cemn/chn/sghd/t1526681.htm。

平房区改造项目的范围覆盖乌兰巴托 8 个区的 37 个小区，共计 7. 83 万人，总面积为 1. 51 万公顷，其中社会和公共基础设施工程由国家以及首都预算拨款。如此大规模的工程自然需要大量基础设施建材，而蒙古国大部分建材依赖进口，这给中国建筑和建材企业带来了不小的机会。[①]

2018 年 11 月 27 日，由中国驻蒙古国大使馆、乌兰巴托中国文化中心共同主办，主题为“东方之风 · 丝路新韵”——“一带一路”中蒙友谊歌舞晚会在乌兰巴托中央文化宫隆重举行。蒙古国政府文艺局副局长巴特呼雅格在致辞中表示，中蒙两国是永远的好邻居、好朋友。今年以来两国文化领域的交流与合作十分活跃，为两国其他领域的合作起到了很好的示范作用。[②]

2018 年 7 月 1 日，蒙古国首都乌兰巴托举行了中国雍和宫捐赠蒙古达希乔伊林寺弥勒大佛开光仪式。邢海明大使率领中国驻蒙古大使馆外交官出席了仪式。呼日勒苏赫总理、总统宗教文化顾问呼兰、前总统奥其尔巴特等蒙方政要及达希乔伊林寺住持丹巴扎布等蒙方高僧大德莅临仪式现场。由演觉大师率领的中国佛教协会代表团和胡雪峰（罗布桑 · 散木丹，中国佛教协会副会长、北京市佛教协会会长、全国政协委员）住持率

---

① 《中蒙建筑及城市建设洽谈会及中蒙建博会媒体发布会在北京举行》，2015 年 2 月 10 日，凤凰网，http：//news. ifeng. com/a/20150210/43146860_0. shtml。

② 《“一带一路”中蒙友谊歌舞晚会在蒙古国成功举行》，2018 年 11 月 28 日，人民网，http：//world. people. com. cn/n1/2018/1128/c1002 – 30430755. html。

领的北京市佛教协会和雍和宫僧众代表团特意从国内赶来观礼和参加学术、开光大典等活动。俄罗斯、哈萨克斯坦、韩国、日本、越南、老挝等国驻蒙使馆官员和国际佛教界代表也来到现场共襄盛举。邢大使热烈祝贺中国雍和宫捐赠蒙古达希乔伊林寺弥勒大佛圆满落成开光并表示，中蒙两国山水相连，两国人民和佛教界一直以来就是好邻居、好朋友。佛教作为中蒙历史和文化的共同元素，是联结双方的重要纽带。弥勒大佛落成开光这一盛事既是两国宗教友好交流因缘的继承与发展，也是中方“一带一路”倡议与蒙方“发展之路”战略对接指引下的重要成果和典范，是中蒙宗教友好合作的一座新的里程碑。

二　“一带一路”倡议在蒙古国取得的成果

“一带一路”倡议提出以来，在蒙古国取得一系列成果，尤其是在基础建设领域产生了良好的社会效益。继 2005 年在蒙古国承建第二公路那拉赫至乔伊尔段工程，并获评为蒙古国建筑最高奖“珍珠奖”后，2016 年，中铁四局再次承建了蒙古国首条按照中国高速公路标准建设的高速公路——乌兰巴托至贺西格新国际机场高速公路项目。2017 年 12 月，凭借为蒙古国公路交通建设做出的积极贡献，由新华出版社出版，商务部编印的《“一带一路”倡议与早期成果选编》中，中铁四局蒙古机场高速公路项目以《乌兰巴托新机场高速公路：在"发展之路"上奏响丝路乐章》被编入其中。[①]

2018年9月，蒙古国"一带一路"VTS区块链数字资产交易所在蒙古国国家议会、蒙古国外交部举办全球启动仪式。蒙古国"一带一路"VTS区块链数字资产交易所是全球首家以"一带一路"命名的区块链数字资产交易所，该交易所是在蒙古国政府指导下成立，蒙中"一带一路"贸易发展促进委员会负责行政监督。

2017年，首批来华的12名蒙古国先天性心脏病患儿均已完成免费治疗并已回到蒙古国。这标志着中国红十字会发起的"一带一路"大病患儿人道救助计划蒙古国行动取得阶段性成果。

三　"一带一路"倡议的巨大潜力

蒙古国提出了"发展之路（草原之路）"，这一计划具有与"一带一路"倡议配合的潜力。2000年，蒙古国提出了"千年路计划"，这是"草原之路"的前身，旨在打造全国现代化公路网，由横纵两条干线和一些支线公路组成。2004年，蒙古国参与签署了联合国亚太地区经济与社会委员会成员国间政府协议，将蒙古国并入亚洲三条高速公路网建设，

① 《蒙古国总理到中铁四局蒙古国新国际机场高速公路项目检查调研》，2018年12月18日，搜狐网，http：//www. sohu. com/a/282928968_696828。

其中AH3、AH4和AH32三条高速公路均从蒙古国穿过。2010年，蒙古国议会又推出国家"新铁路项目计划"，分三个阶段建设全国铁路网。

蒙古国提出的"草原之路"涵盖物流、能源和贸易三个方面，包括建立连接亚欧的铁路与公路，建设能源通道和加强可再生能源合作，以及建立贸易伙伴关系。具体又包括连接中俄的过境铁路、公路、天然气管道、石油管道和能源电力网等工程。

矿业是蒙古国经济主要支柱。因此，加快通道建设，实现互联互通，对促进蒙古国经济增长意义重大。蒙古国政府通过"草原之路"与"一带一路"对接，将实现基础设施建设的互联互通。

四　发展与展望

在"一带一路"倡议之下，中蒙经济合作正面临新的历史机遇。"中蒙俄经济走廊"的提出和实施，将成为蒙古国参与"一带一路"倡议的主要议题之一。2019年6月5日，习近平主席同普京总统共同签署了《中华人民共和国和俄罗斯联邦关于发展新时代全面战略协作伙伴关系的联合声明》，宣布发展中俄新时代全面战略协作伙伴关系。作为蒙古国的两个邻国，中俄之间的良好关系和合作愿景对于中蒙俄三国形成合作共识无疑有着重要的意义，有利于蒙古国融入全球经济一体化的潮流。中国在资本和技术方面拥有优势，在高速公路等基础设施建设方面与蒙古国开展深度合作，可以有效促进其经济发展，加速资源、商品在中蒙俄三国之间的流动。尤其是天津港，作为中蒙俄经济走廊东部起点，是蒙古国最主要的进出口海上通道。目前从天津港出发平均每天向蒙古国发送铁路过境班列超过1列，2018年完成约6.8万标准箱，较2017年增长24.8%，占到蒙古国铁路运输过境货物量的90%左右。2019年，天津港经济技术合作有限公司与蒙古港集团有限责任公司共同出资1亿元，注册成立中蒙国际物流园有限公司，共同建设津蒙东疆物流园，这为内陆国家蒙古打开了重要的对外贸易港口，必将惠及蒙古人民。可以说，“一带一路”倡议的提出，对于中蒙而言，既有历史的渊源，也有现实经济发展需求的考量。“一带一路”倡议与蒙古国“草原之路”对接，既促进了双方经济社会发展，也增进了两国人文交流，“一带一路”倡议不仅仅成为中蒙经济合作的发动机，更成为全面提升中蒙关系的助推器。

“一带一路”倡议为尼泊尔带来发展新机遇

王延中　方素梅　吴晓黎　李晨升*

尼泊尔是中国的重要邻邦，也是推进“一带一路”倡议的重点区域之一，这一地区蕴含潜在的经济机遇，对“一带一路”倡议在南亚地区落地生根有着重要作用。

一　尼泊尔基本国情

尼泊尔是南亚山区内陆国家，位于喜马拉雅山脉中段，北与中国西藏接壤。尼泊尔国土的形状近似长方形，略呈西北东

* 王延中，中国社会科学院民族学与人类学研究所所长、研究员；方素梅，中国社会科学院民族学与人类学研究所研究员；吴晓黎，中国社会科学院民族学与人类学研究所副研究员；李晨升，中国社会科学院民族学与人类学研究所助理研究员。

南走向，国土面积约15万平方千米。地势北高南低，地势变化剧烈，海拔由北部与中国交界的喜马拉雅山脉向南递减，中部为山地，南部靠近印度地区的海拔较低，是国家主要的粮食产地。全国人口约2800万，是多民族、多宗教、多种姓、多语言国家。境内有拉伊、林布、苏努瓦尔、达芒、马嘉尔、古隆、夏尔巴、尼瓦尔、塔鲁等30多个民族。其中卡斯族也被称为卡族，是尼泊尔最主要的民族，占人口总数的1/3。居民86.2%信奉印度教，7.8%信奉佛教，3.8%信奉伊斯兰教，2.2%信奉其他宗教。

20世纪50—60年代，尼泊尔相继制定了第一、第二个国民经济五年计划，先后在基础设施、农业、商业、社会服务及工业等领域加强建设，力图建立一个自给自足的福利国家并实现工业现代化，但缺乏明确的全面实施方案，没有取得预期的效果。20世纪70年代，国家重点发展山区农业、自然资源保护和区域经济，希望解决因为资源在加德满都谷地和东部塔莱地区过度集中而产生的地区不平衡问题。20世纪90年代初，尼泊尔开始实行以市场为导向的自由经济政策。2014—2015年，外汇储备为75.6亿美元，通胀率7.5%。世界银行数据表明，尼泊尔2014年人均国民收入为730美元，全国1/3以上的人口依然不能满足日常温饱需求。尼泊尔依然是联合国定义的世界最不发达国家之一，在173个统计国家中位列第152名。

二　中尼关系发展历程及其特点

中国与尼泊尔于1955年8月1日宣布正式建立外交关系，1955年签署并发表了《中华人民共和国政府和尼泊尔王国政府关于建立正常外交关系的联合公报》。1956年9月20日，双方签订《中华人民共和国和尼泊尔王国保持友好关系以及关于中国西藏地方和尼泊尔之间的通商和交通的协定》，解决了中国西藏地方与尼泊尔历史上的遗留问题，巩固了两国的外交关系，使两国关系的发展进入新的历史阶段。1996年年底，时任中国国家主席江泽民对尼泊尔展开国事访问期间，两国建立了面向21世纪的世代友好的睦邻伙伴关系。2009年12月，时任尼泊尔总理尼帕尔访华期间，双方发表《联合声明》，决定在和平共处五项原则基础上，建立和发展世代友好的全面合作伙伴关系。2012年1月，时任中国总理温家宝访尼，双方就加强政治、经贸和人文等领域的友好交流合作达成广泛共识，期间签署了《中华人民共和国和尼泊尔联合声明》。2018年6月，尼泊尔总理奥利访华，表示希望通过发展跨境互联互通，从"内陆闭塞"的国家转变为"陆地相连"的国家。此次是尼泊尔完成政治转型后，尼泊尔总理首次访华，为两国领导人在新形势下进一步规划和引领中尼关系发展提供了重要机遇。[①]

中尼建交60多年来，两国关系始终保持健康稳定发展，政治互信不断加深，经济合作日益深化，人文交流不断加强。从1956年起，中国就对尼泊尔提供无偿援助，援助的领域涉及基础设施、医疗、教育、培训等。1983年中国和尼泊尔建立政府间的经济贸易委员会，促进双边贸易持续发展。虽然期间有所波动，但是总体趋势提升非常迅速。双边贸易额由2001年的1.53亿美元攀升至2007年的4亿美元。2014年前10个月，尼泊尔从中国进口额为6.8亿美元，对中国出口额为2230万美元，双方贸易总额突破7亿美元。中国成为尼泊尔第二大贸易进口国和第四大出口国。中国在尼泊尔的投资份额不断加大，位居外资来源国之首。仅2012年一年中国投资尼泊尔企业数量就达到565家，2012—2013年中国对尼直接投资总额为56.7亿尼泊尔卢比。2014年7月，中国对尼泊尔投资承诺额达到73亿尼泊尔卢比。与此同时，中国对尼泊尔的援助力度不断加强。据尼方统计，2014/2015财年，中国对尼泊尔实际援助达3795万美元，占尼泊尔接受外援总额的4%。[②] 2015年尼泊尔发生大地震之后，中国在基础设施、山区灾后民生恢复、文物古迹修复、灾害防治能力建设和医疗卫生等五大领域不遗

---

① 尹政平、杜磊：《中国与尼泊尔双边关系及合作展望》，《国际经济合作》2018年第11期。

② 中国驻尼泊尔大使馆经商参处：《尼泊尔接收外国援助情况》，http：//np.mofcom.gov.cn/article/ztdy/jjfz/201608/20160801376417.shtml。

余力地帮助尼方加快震后重建，为尼经济恢复活动和发展贡献力量。中国企业在尼泊尔的投资不断增长，投资领域包括水电站、航空公司、建材、餐饮服务、中医诊所等。同时，中国企业积极参与尼承包工程项目。中国政府一直大力支持有信誉、有实力的中国企业扩大对尼投资，加强与尼企业的合作，共同促进尼经济和社会的繁荣与发展。①

尼泊尔与中国西藏隔喜马拉雅山相望，边境经济贸易是中尼两国对外关系的重要内容，也是保障中国西藏经济发展的重要环节。在陆地通道上，西藏聂拉木县樟木口岸已成为当前最重要的中尼边境贸易口岸，与其一山之隔的吉隆口岸也是连接中尼的重要通道。中央第五次西藏工作座谈会提出，支持南亚贸易陆路大通道建设，推动跨境经济合作，吉隆口岸在国家与西藏地方的重点建设下，边境贸易额迅猛攀升。2008 年以来，西藏地方逐步提高了对吉隆口岸的建设力度，当前口岸道路交通、配套服务设施、联检设施等基本完备，双边性口岸运行的条件已基本成熟。2014 年吉隆—热索瓦口岸试运行，共验放车辆 366 辆，完成边贸总额 2786.7 万元，同比增长 850%，货运总量 3580.8 吨，同比增长 580%。吉隆口岸的开通搭建起连接内地、延伸南亚的贸易通道，实现中国国内生产商、经销商与印度、尼泊尔等南亚国家的贸易对接，加速了中国与南亚经济

① 中国驻尼泊尔大使馆：《于红大使在第 14 届中尼民间合作论坛上的讲话》，http：//np. mofcom. gov. cn/article/zxhz/hzjj/201706/20170602585719. shtml。

圈的连接度。尼泊尔在非传统安全领域与中国配合，两国长期相互支持。

中尼建交60多年来，双方关系堪称“当今世界两国关系中的典范”。尼泊尔外交大臣潘迪（Mahendra Bahadur Pandey）表示，在双方悠久的交往史中，中国从未将自己的意志强加给尼泊尔，“每当尼泊尔遇到困难之时，中国总会坚定地与我们站在一起，对我们施以援手；而每当尼泊尔国内发生重大事件时，中国总是坚定地支持尼泊尔人民自己的选择”。中国坚定支持尼泊尔自主选择社会制度和发展道路，支持尼泊尔为维护主权、独立、领土完整、国家统一和稳定所做的努力。尼泊尔坚定奉行一个中国政策，表示西藏和台湾事务是中国内政，绝不允许在尼泊尔领土范围内发生任何反华活动。两国在国际和地区事务中保持了良好的沟通与合作。①

三　中尼“一带一路”项目合作近况

中尼建交半个多世纪以来，双方在政治、经济、文化以及军事方面的互动与合作呈现出积极发展的态势，这为“一带一路”在尼泊尔的推进奠定了坚实的基础。“一带一路”倡议提出后，尼泊尔从民间到政府支持和响应倡议。2014年12月，第八

① 尹政平、杜磊：《中国与尼泊尔双边关系及合作展望》，《国际经济合作》2018年第11期。

次中尼经济与贸易联合委员会会议在北京召开，会后两国签署了在中尼经济与贸易合作联合委员会的框架下共同促进“丝绸之路经济带”的谅解备忘录。2015 年 3 月 19 日，中国外长王毅与尼泊尔外交大臣潘迪（Mahendra Bahadur Pandey）在北京举行会谈，潘迪表示尼泊尔欢迎中国提出的“一带一路”倡议，愿意加强合作，促进地区和平与发展。2015 年 3 月 29 日，中国国家主席习近平会见来华参加博鳌亚洲论坛的尼泊尔总统亚达夫（Ram Baran Yadav），双方就尼泊尔加入“一带一路”建设达成一致。2015 年 12 月 25 日，中尼双方达成推进合作的八项共识：继续保持高层交往，争取实现两国元首近期互访；双方同意加快灾后重建，优先实施中尼阿尼哥公路和沙拉公路的修复保通，确保中尼生命线全天候畅通；两国同意加强贸易和投资合作，中国承诺帮助尼泊尔实现自主发展能力，建设符合尼泊尔国情的工业体系，加强中尼产能合作；鼓励两国企业加强在能源领域的合作；两国同意为开展跨境贸易提供更多便利，在加快恢复现有口岸基础上，尽快开设已经商定的其他口岸，探讨开展跨境经贸合作的可行性；同意积极研究商签“过境运输协定”；尽早启动中尼自贸区可行性研究，继续商签双边投资保护协定；继续加强人文交流。2016 年 3 月 20 日至 27 日，尼泊尔总理奥利对中国进行国事访问，表示尼泊尔愿意积极参与“一带一路”建设，推动两国在贸易、金融、互联互通、旅游、基础设施等领域全面发展。在双方签署的联合声明中，两国同意对接发展战略，制订两国合作规划，在“一带一路”框架下推进重大合作项目的实施。其中的重点包括两国陆路和航空的互联互通、阿尼哥公路和沙拉公路修复保通、中国援建普兰口岸的斜尔瓦界河公路桥、加德满都环路改造（一期、二期）、中尼跨境铁路及尼境内铁路、为中国在尼泊尔投资提供便利、依托口岸建设跨境经济合作区、落实《中尼政府间过境运输协定》等。尼泊尔民间也对“一带一路”建设表示欢迎并充满期望，普遍认为尼泊尔在“一带一路”背景下加强与中国合作，将会获得更多的经济发展机会，进一步促进尼泊尔贸易、投资和基础设施建设环境的改善，增强自我发展能力。[①] 可以说，尼泊尔对“一带一路”建设的热忱态度在南亚各国中是非常突出的。

2017年5月12日，中国与尼泊尔签署“一带一路”合作备忘录。在“一带一路”建设的背景下，两国关系和各领域务实合作发展。2017年8月，中国国务院副总理汪洋访尼，双方签署了《关于促进投资与经济合作框架协议》、《经济技术合作协定》、《油气资源调查项目立项换文》等，为中尼经贸合作注入了新的动力。在安全方面，中尼举行了首次联合军事训练，在司法互助和引渡条约等方面保持着沟通，尼方还向中方遣返国际刑警组织红通嫌疑犯。在人文领域方面，中国政府每年向尼提供约100个奖学金名额，尼目前在华留学生总数已达到5000多人。中国对尼援助涉及领域广，涵盖公用和基础设施、道路

① 杨思灵、高会平：《“一带一路”：中国与尼泊尔合作的挑战与路径》，《南亚研究》2017年第1期。

交通、医疗卫生、教育文化、能源、农业、防灾减灾、信息通信及文物古迹修复等领域，重点集中在民生、灾后重建及基础设施建设等方面，如新建医院、学校、机场，修复在地震中损毁的公路、文物古迹，援建地震监测台网等，推动设施联通、贸易畅通、民心相通。中国对尼援助形式多样，包括援建大型成套项目，物资支持，开展双边技术合作，紧急人道主义援助、人力资源培训等多种形式。实施模式灵活，如提供混合贷款建设博卡拉国际机场项目。正在建设或实施的项目包括多所学校和医院、加德满都内环路升级改造、塔托帕尼边检站灾后恢复、加德满都杜巴广场9层神庙修复等。这些项目为尼改善民生、促进经济和社会发展发挥着重要作用。

据尼泊尔政府统计，2015—2016年中方在尼投资额及项目数量均属第一，连续两年成为对尼第一大投资国。根据中华人民共和国商务部的统计，2016年，中尼双边贸易额8.9亿美元，同比增长2.7%。其中中方出口8.7亿美元，同比增长4%；中方进口0.2亿美元，同比下降30.6%。[①] 根据尼泊尔央行统计数据，2017/2018财年前七个月，尼泊尔对中国出口达17.7亿尼泊尔卢比（约合1733万美元），同比增长72%，占尼总出口额的3.7%。尼泊尔对中国出口前五位的商品是手工艺品（包括金属及羊毛工艺品）、羊毛地毯、皮革、其他手工艺品和羊绒制

① 中国驻尼泊尔大使馆经商参处：《2016年中尼双边贸易》，http://np.mofcom.gov.cn/article/zxhz/hzjj/201706/20170602596391.shtml。

品。中国对8030种尼产品提供免税待遇，包括了尼泊尔95%以上可出口商品。在对中国出口增长的同时，尼自中国的进口额也同比增长19.7%达884.5亿尼泊尔卢比。[①]

截至2017年上半年，在尼泊尔投资规模较大的中资企业有30多家，主要集中在水电、航空、餐饮、矿产、中医诊所、食品加工等行业。如葛洲坝集团公司、中国水电建设集团公司、中国水利电力对外公司、中国海外工程有限责任公司、中国国际航空公司、中国南方航空、中国东方航空、四川航空、喜马拉雅航空公司、格林福德国际货物运输代理有限公司、中工国际、华为、中兴通信、中鼎国际工程有限公司、中国通信服务集团公司、华中电力、特变电工等。[②]“一带一路”实现项目对接：

1. 上马相迪A水电站

该水电站系尼泊尔境内第一个由中国企业开发建设、运营的项目，投资规模1.65亿美元，也是尼泊尔水电建设史上第一个提前实现发电的水电站，目前该水电站已平稳过渡到运营期。上马相迪A水电站累计发电量突破一亿千瓦时，有效缓解了尼泊尔电力短缺状况。

2. 喜马拉雅航空公司

由西藏航空和尼泊尔雪人环球投资有限公司合资成立的喜

---

① 中国驻尼泊尔大使馆经商参处：《2017/18财年前七个月尼泊尔对中国出口增长72%》，http://np.mofcom.gov.cn/article/ztdy/zgqy/201803/20180302723424.shtml。

② 中国驻尼泊尔大使馆经商参处：《尼泊尔主要中资企业一览表》，http://np.mofcom.gov.cn/article/catalog/201707/20170702609925.shtml。

马拉雅航空公司，是西藏自治区落实“一带一路”倡议的重要项目，也是尼民航领域最大的外国投资项目。喜马拉雅航空拥有两架空客 A320 飞机，主要航线由加德满都至多哈、科伦坡、吉隆坡、仰光四条航线，运行情况良好。

3. 博卡拉国际机场项目

该项目位于尼泊尔著名的旅游胜地博卡拉市，是由中国政府向尼泊尔政府提供混合贷款建设的项目。该机场建成后将是尼泊尔的第二个国际机场。

4. 尼泊尔红狮希望水泥有限公司

该公司由中国红狮控股集团和尼泊尔希望控股集团合资，于 2015 年 3 月成立，计划在蓝毗尼区投资 3.6 亿美元建设并运营日产 6000 吨水泥的生产线，及配套 12 兆瓦纯低温余热发电项目，一期项目投产后可年产水泥 230 万吨，是目前尼泊尔制造业领域最大的外商投资项目。

5. 中尼跨境陆地光缆项目

2013 年，中国电信与尼泊尔电信等三家电信运营商签署建设协议。2014 年 4 月，中国电信在樟木口岸中国一侧率先开工修建光缆，尼泊尔一侧同时开工。期间因雪灾和地震等自然灾害原因，项目严重受阻，至 2018 年 1 月 12 日终于在尼泊尔首都加德满都尼电信总部举行开通仪式。

6. 珠峰汽车科技有限公司汽车组装项目

该项目通过尼泊尔—中国凯拉斯文化促进会引进落地，由河北石家庄曦元科技有限公司投资，截至 2018 年 7 月已经完善落地手续，珠峰汽车总部大楼将于2018年10月份开工建设。

随着尼泊尔发展速度的加快，其国内经济形势不断好转。据尼泊尔联邦政府财政部统计，2018/2019财年第一季度尼联邦政府实现财政收入1978.7亿尼泊尔卢比，较上财年同期增长41.7%，超额完成了该季度的财政收入任务。其中，绝大部分税收及非税收入项目都超额完成了季度指标，增值税、关税、消费税、收入所得税等最主要的四种税目，实现收入分别为610.2亿尼泊尔卢比、424.9亿尼泊尔卢比、338.2亿尼泊尔卢比和270.3亿尼泊尔卢比，四项税收占该季度财政收入的比例为83%。此外，2018/2019财年尼联邦政府制定9455.6亿尼泊尔卢比的财政收入目标，较上财年大幅提高29.5%。[①] 目前，中国对尼泊尔投资呈现全方位趋势，即包括基建、能源、电力、蔬菜种植、家具制作、酒店餐饮等传统产业，也包括电子通信、可再生能源、汽车组装、大件物流等产业。中国企业对尼投资快速增长，双方合作项目不断落地投产。可以预见，未来几年尼泊尔经济社会将会迎来飞跃发展。

总之"一带一路"不仅可以作为促进邻国共同利益的催化剂，更是尼泊尔将地位从内陆国家转移到陆地国家的大好机会。

---

① 中国驻尼泊尔大使馆经商参处：《2018/19财年第一季度尼泊尔联邦政府财政收入增长41.7%》，http：//np.mofcom.gov.cn/article/jmxw/201810/20181002799437.shtml。

南太平洋国家发展与“21 世纪海上丝绸之路”建设

徐秀军　冯维江*

“21 世纪海上丝绸之路”倡议提出后，获得南太平洋地区国家积极响应。当前，中国与南太平洋国家都致力于实施国家发展战略规划，双方存在十分广阔的共同利益和合作空间，发展与合作潜力巨大。

---

* 2018 年 7 月 31 日至 8 月 14 日，中国社会科学院世界经济与政治研究所徐秀军和冯维江执行“智库丝路万里行”专题调研项目赴瓦努阿图、斐济、澳大利亚三国开展调研。

徐秀军，中国社会科学院世界经济与政治研究所国际政治经济学研究室主任、研究员；冯维江，中国社会科学院世界经济与政治研究所副所长、研究员。

一　瓦努阿图、斐济与澳大利亚的基本国情[①]

（一）瓦努阿图的政治、经济与对外关系的基本情况

瓦努阿图共和国（The Republic of Vanuatu）国土面积 86 万平方千米，其中陆地面积 1.219 万平方千米，水域面积 84.8 万平方千米，人口 29.27 万。瓦努阿图国家元首为总统，总统由议会和地方委员会主席组成的选举团选举产生，任期 5 年。现任总统为塔利斯·奥贝德·摩西，于 2017 年 7 月当选瓦努阿图第九任总统。总理由议会选举产生，内阁部长由总理任命。现任总理夏洛特·萨尔维，于 2016 年 2 月出任总理。本届议会于 2016 年 1 月选举产生，2 月正式成立。主要政党有：瓦库党、统一运动改良党、民族联合党、土地和正义党、领袖党、人民进步党、温和党联盟等。

瓦努阿图被联合国列为最不发达国家之一。农业和旅游业是瓦经济支柱。近年来，瓦经济增长缓慢。2017 年瓦努阿图按官方汇率计算 GDP 约 8.7 亿美元，政府财政收入约 2.8 亿美元，支出约 2.34 亿美元。2016 年内外债总额 2.63 亿美元。2017 年瓦外贸总额约 4.3 亿美元，其中出口 6000 万美元，进口 3.7 亿美元。外资主要集中在信托保险、法律、会计、金融、旅游等服务业以及电力、通信、商业等领域。据瓦努阿图投资促进局

---

① 本节内容根据中华人民共和国外交部网站和相关国家政府网站资料整理。

统计，2016 年瓦努阿图新增外商直接投资额 138.6 亿瓦图（约 1.3 亿美元）。瓦努阿图年均接受外援占国内生产总值的 17% 左右，主要来自澳大利亚、新西兰、欧盟、法国、英国、日本、亚洲开发银行、联合国机构等，一般用于工业、农业、教育、医疗卫生以及防务、司法等具体项目。以旅游业为主的服务业和建筑业仍是拉动经济的主要动力，但国内家庭消费、产品出口、私营经济等有所下滑。渔业资源丰富，盛产金枪鱼。旅游业是瓦努阿图支柱产业之一和最大的外汇收入来源，产值约占国内生产总值的 1/3。多数游客来自澳大利亚、新西兰和新喀里多尼亚。2017 年瓦努阿图全年接待航空与游船游客共计约 33.74 万人次。

瓦努阿图积极参与国际事务。同 74 个国家建立了外交关系，是联合国、不结盟组织、英联邦、法语国家共同体、太平洋岛国论坛、美拉尼西亚先锋集团以及世界贸易组织、国际货币基金组织、世界银行和亚洲开发银行的成员。强调在亚太地区保持其建设性的角色，谋求和平、和谐、无核、合作的发展环境。2018 年 3 月，瓦努阿图正式成为亚投行成员。中国同瓦努阿图 1982 年 3 月 26 日建交。2017 年中瓦贸易额为 7977 万美元，同比增长 16%，其中中国出口 6553 万美元，同比增长 2.8%；进口 1424 万美元，同比增长 184.4%。

（二）斐济的政治、经济与对外关系的基本情况

斐济（The Republic of Fiji），陆地面积 18333 平方千米，海

洋专属经济区面积129万平方千米，人口88.5万（2017年）。斐济国家元首为总统，现任总统为乔治·孔罗特，于2015年11月就任。2014年9月17日，斐济举行大选，姆拜尼马拉马领导的斐济优先党获胜，姆当选总理。斐济议会为一院制，共设50个议席。经登记注册的合法政党共7个，分别为斐济优先党、社会民主自由党、斐济工党、民族联盟党、人民民主党、斐济团结自由党和壹斐党。

斐济是太平洋岛国中经济实力较强、经济发展较好的国家。斐济已连续多年保持经济增长。2017年斐济国内生产总值约50亿美元。渔业、森林资源丰富，有金、银、铜、铝土等矿藏。制糖业、旅游业是国民经济支柱。近年来，由于国际市场价格下跌和国内产业结构调整等原因，制糖业面临困境。旅游业近年来稳步发展，旅游收入是斐济最大的外汇收入来源。2017年赴斐济游客人数达84.3万人，旅游业收入18亿斐元，创历史新高。全国约有4万人在旅游部门工作，占就业人数的15%。游客主要来自澳大利亚、新西兰、美国、中国、英国、欧洲大陆、日本等地。同时，斐济政府正大力推进公路、港口、电力等基础设施建设。斐济长期贸易逆差，主要出口目的地为新加坡、澳大利亚和英国，主要进口来源国为澳大利亚、中国等。

斐济是太平洋岛国中外交较为活跃的国家，重视与澳大利亚、新西兰等西方发达国家的关系，同时保持与太平洋岛国的传统关系。近年来，斐济积极发展同亚洲各国以及非洲和美洲国家的关系。已与130多个国家建交。是联合国、英联邦、世界贸易组织、太平洋岛国论坛太平洋共同体、美拉尼西亚先锋集团、非加太集团、77 国集团成员，斐积极参与国际和地区事务，现为太平洋岛国论坛（PIF）秘书处所在地。2013 年，斐济倡议成立太平洋岛国发展论坛（PIDF）。2016 年 6 月，斐济常驻联合国代表汤姆森当选第 71 届联合国大会主席。2016 年 11 月，斐济当选《联合国气候变化框架公约》第 23 次缔约方大会主席国。斐济同澳大利亚、新西兰有着传统的密切关系。澳大利亚、新西兰是斐济最重要的贸易伙伴，分别是斐济第一和第三大援助国。中国同斐济 1975 年 11 月 5 日建交。2014 年 11 月，中国国家主席习近平对斐济进行国事访问，两国宣布建立相互尊重、共同发展的战略伙伴关系。

（三）澳大利亚的政治、经济与对外关系的基本情况

澳大利亚联邦（The Commonwealth of Australia）国土面积 769.2 万平方千米，人口 2496 万（2018 年 6 月）。澳大利亚联邦议会成立于 1901 年，由女王（澳总督为其代表）、众议院和参议院组成。议会实行普选。众议院有 150 名议员，按人口比例选举产生，任期 3 年。联邦政府由众议院多数党或政党联盟组成，该党领袖任总理，各部部长由总理任命。政府一般任期 3 年。2018 年 8 月 24 日，新当选的澳大利亚主要执政党——自由党——党首莫里森在堪培拉宣誓就任澳大利亚总理，接替当天宣布辞职的特恩布尔。澳大利亚主要政党有：自由党、国家党和工党等。

澳大利亚是一个后起的工业化国家，农牧业发达，自然资源丰富，盛产羊、牛、小麦和蔗糖，同时也是世界重要的矿产品生产和出口国。农牧业、采矿业为澳大利亚传统产业，制造业和高科技产业发展迅速，服务业已成为国民经济主导产业。20 世纪 70 年代以来，澳大利亚进行了一系列经济改革，大力发展对外贸易，经济保持较快增长，迄今澳大利亚经济已连续 27 年保持正增长。2016/2017 财年，政府预算财政赤字 258 亿澳元，经济增长率 2.0%，通货膨胀率 1.8%。澳大利亚矿产资源丰富，至少有 70 余种。澳大利亚是世界最大的烟煤、铝矾土、钻石、锌精矿出口国，第二大氧化铝、铁矿石、铀矿出口国，第三大铝和黄金出口国。工业以制造业、建筑业和矿业为主。农牧业发达，在国民经济中占有重要地位，是世界上最大的羊毛和牛肉出口国。服务业为澳大利亚经济最重要和发展最快的部门，经过 30 余年的经济结构调整，已成为国民经济支柱产业。2017 年旅游业产值为 552.83 亿澳元，占同期 GDP 的 3.2%。

外交方面，澳大利亚在坚持巩固澳美同盟，发挥联合国作用以及拓展与亚洲联系三大传统外交政策的基础上，通过积极参与全球和地区热点问题提升国际影响力，着力推进“积极的有创造力的中等大国外交”。中国与澳大利亚 1972 年 12 月 21 日建交。据中方统计，2017 年中澳双边贸易额为 1362.6 亿美元，同比增长 25.9%。2017 年，澳大利亚是中国第八大贸易伙伴。据澳方统计，2017 年中澳双边贸易额为 1256.0 亿美元，同比增长19.6%。中国为澳大利亚第一大贸易伙伴、出口市场和进口来源地。中国对澳主要出口机电产品、计算机、服装、纺织品、鞋、箱包、玩具等；从澳主要进口铁矿石、煤、氧化铝、铜矿石、羊毛和大麦等。

二　中国与南太平洋国家共建“一带一路”的基础日益巩固

“一带一路”倡议提出后，南太平洋国家积极响应倡议，共建“一带一路”已成为中国提供给国际社会重要的公共产品和完善全球治理的中国方案。中国与南太平洋国家合作因此迎来新的发展机遇。在瓦努阿图和斐济等国所到之处都能切身体会到“一带一路”建设对当地发展带来的实实在在的互利共赢的成果，也感受到南太平洋国家人民对深化双方合作的期待。

（一）战略对接迎来新机遇

尽管太平洋岛屿地区国家规模不一、发展阶段迥异，但双方都拥有加强高层交往、增加政治互信、创造良好的政治环境的强烈意愿。2014年11月，习近平主席出访澳大利亚期间，两国领导人决定将中澳关系进一步提升为全面战略伙伴关系；习近平主席访问新西兰期间，两国领导人决定建立中新全面战略伙伴关系；习近平主席访问斐济期间，强调中国对发展同太平洋岛国关系的重视只会加强、不会削弱，投入只会增加、不会减少，并将中国与太平洋岛国关系定位为“相互尊重、共同发展”的战略伙伴关系。这为双方政治关系的未来发展确定了方向。

在“21 世纪海上丝绸之路”建设框架下，中国与南太平洋国家之间的对接拥有了新的平台，并将由此创造相互合作的新动力。2015 年 3 月，国家发展改革委、外交部、商务部联合发布《推动共建丝绸之路经济带和 21 世纪海上丝绸之路的愿景与行动》并提出，“21 世纪海上丝绸之路重点方向是从中国沿海港口过南海到印度洋，延伸至欧洲；从中国沿海港口过南海到南太平洋”。作为“21 世纪海上丝绸之路”的自然延伸，南太平洋国家无疑是这一倡议的重要组成部分。由此，中国与南太平洋国家进入战略伙伴关系发展的新时代。

在中国提出“全面建成小康社会、全面深化改革、全面依法治国、全面从严治党”战略布局以及“一带一路”倡议之际，南太平洋国家也加紧实施发展战略，制定了新的战略规划。在太平洋岛国方面，各国正致力于落实旨在推进地区合作和一体化的“太平洋计划”，促进和扩大太平洋岛屿地区在经济增长、可持续发展、良政建设和安全等领域的合作。与此同时，澳大利亚提出“北方大开发”，斐济等太平洋岛国正在制定和实施新的国家发展战略。作为“21 世纪海上丝绸之路”的沿线国家，太平洋岛国与中国发展拥有较多的利益契合点，发展战略对接领域的不断拓展和深化不仅能够为双方带来切实利益，还能创造更多的发展与合作机遇。

总之，中国与南太平洋国家共同的发展诉求夯实了双方合作的牢固基础，并通过发展对接的深入为双方创造了新的发展与合作动力，不断推动双方合作向全方位、多层次方向发展。当前，中国与南太平洋国家之间的相互信任不断加深，并且双方发展战略高度契合，对接空间十分广阔，尤其是在基础设施建设和产能、装备合作方面，具有巨大的合作潜力。

（二）务实合作迈上新台阶

近年来，在中国与南太平洋国家的共同努力下，双方之间在经济金融方面的务实合作屡屡取得重大突破。在基础设施建设、贸易与投资、金融等诸多领域，中方采取了一系列新的举措深化与南太平洋国家的务实合作，为南太平洋国家的发展提供了难得的机遇。

中国与南太平洋国家之间的经贸合作是双方关系发展的重要内容和基础。近年来，双方经贸关系发展迅速，贸易规模不断扩大。目前，中国是南太平洋两个大国——澳大利亚和新西兰的第一大贸易伙伴、出口市场和进口来源地。澳大利亚统计局数据显示，2017 年中澳双边货物进出口额为 1256.0 亿美元，增长 19.6%。其中，澳大利亚对中国出口 764.5 亿美元，增长 25.6%，占澳大利亚出口总额的 33.1%；澳大利亚自中国进口 491.5 亿美元，增长 11.3%，占澳大利亚进口总额的 22.2%。2018 年上半年，中澳双边货物进出口额为 680.2 亿美元，增长 14.6%。其中，澳大利亚对中国出口 423.8 亿美元，增长

14.2%，占澳大利亚出口总额的33.9%；澳大利亚自中国进口256.4亿美元，增长15.2%，占澳大利亚进口总额的22.8%。新西兰统计局数据显示，2017年新西兰与中国双边货物进出口额为162.5亿美元，增长17.9%。其中，新西兰对中国出口85亿美元，增长29.3%，占其出口总额的22.3%；新西兰自中国进口77.5亿美元，增长7.5%，占其进口总额的19.3%。2018年上半年，新西兰与中国双边货物进出口额达到83.5亿美元，增长10.8%。其中，新西兰对中国出口44.7亿美元，增长11.3%，占新西兰出口总额的21.7%；新西兰自中国进口38.9亿美元，增长10.3%，占新西兰进口总额的18.7%。

“一带一路”倡议提出后，基础设施建设成为中国对外投资合作的重要领域之一。在基础设施建设合作方面，中国相比太平洋岛国拥有资金和技术优势，而太平洋岛国拥有市场和需求，双方合作的互补性很强。并且，中国还出台了一系列新的措施为太平洋岛国基础设施建设提供便利。根据中华人民共和国商务部统计，2016年中国对太平洋岛国直接投资额为43.5亿美元，为2010年的2.4倍。2014年11月，习近平主席在斐济《斐济时报》和《斐济太阳报》发表题为《永远做太平洋岛国人民的真诚朋友》的署名文章中宣称，中国将继续在力所能及范围内为太平洋岛国提供支持和帮助，鼓励更多中国企业参与岛国投资合作，帮助岛国解决最现实、最迫切的问题。中方还宣布支持岛国经济社会发展的一揽子计划，并给予最不发达国家97%税目的输华商品提供零关税待遇。这一政策有利于太平洋岛国扩大出口市场，并提升双方经贸关系。2017 年，中国从太平洋岛屿地区进口商品额为 34.73 亿美元，同比增长 33.6%，比同期中国商品进口总额同比增长率高 16.2 个百分点。并且，由于中国向太平洋岛屿地区出口商品额的下降，双方贸易更加平衡。同期，中国对太平洋岛屿地区的商品贸易顺差为 13.80 亿美元，同比下降 37.9%，比同期中国商品贸易顺差降幅高 13.1 个百分点。

2016 年 1 月 16 日，由中国提出创建各国共同发起的开发性区域金融机构——亚洲基础设施投资银行（以下简称“亚投行”）开业仪式在北京举行。截至 2018 年 8 月，亚投行成员已涵盖南太平洋地区中的澳大利亚、新西兰、斐济、萨摩亚、汤加、库克群岛、瓦努阿图和巴布亚新几内亚，并且南太平洋国家作为域内地区将包括在亚投行的业务范围之内。亚投行的成立不仅为中国与南太平洋国家之间的金融与货币合作搭建了新的平台，也将推动中方与南太平洋国家在基础设施建设、贸易与投资等更加广泛的领域开展深入合作，从而为南太平洋国家的发展提供难得的机遇。

（三）协商对话创立新机制

随着中国与南太平洋国家关系的深入发展，双方之间的协商对话逐步迈上了机制化轨道，并不断取得一些新的进展。2014 年 6 月，首届中国—澳大利亚战略经济对话在北京举行。双方围绕“进一步扩大澳中两国双向贸易与投资”、“两国间更紧密的金融合作”及“澳中两国在各自即将主办的二十国集团和亚太经合组织活动上的合作”等议题展开深入探讨，并确定每年依例举办对话。2017 年 9 月，第三次“中澳战略经济对话”在北京举行，双方就全球及两国宏观经济形势、经济改革、中澳双向投资的机遇与挑战、中澳合作挖潜等进行了深入交流，共同签署《关于开展收入政策制定合作的谅解备忘录》《关于开展第三方市场合作的谅解备忘录》。双方还宣布在中澳战略经济对话下设立竞争政策工作组。2013 年 4 月，首次中国—新西兰伙伴关系论坛在北京召开，旨在促进中新两国来自经贸、文化、环保等各产业领域的精英人士沟通和交流。2015 年 9 月，题为“政府和私营企业如何通过合作来推动经济增长，并促进投资、贸易和民间往来”的第二次中国—新西兰伙伴关系论坛在北京举行。

自 1989 年中国开始受邀出席太平洋岛国论坛领导人会议结束后的对话会议以来，中国一直积极参与这一对话机制，并为双方关系发展发挥了重要作用。2017 年 9 月，第 29 届太平洋岛国论坛会后对话会在萨摩亚首都阿皮亚举行，中国—太平洋岛国论坛对话会特使杜起文代表中国政府出席并阐述了中方在气候变化、海洋治理等问题上的立场和主张，提出中方愿继续支持岛国实现经济社会发展。2018 年 9 月，中国代表团出席在瑙鲁举行的第 30 届太平洋岛国论坛会后对话会，并在中方与太平洋岛国在促进可持续增长以及应对共同面临的全球性问题等方面进行深入交流与对话。

与此同时，“中国—太平洋岛国经济发展合作论坛”的作用不断提升，并成为中国与太平洋岛国领导人协商对话的主要平台。2006 年，首届“中国—太平洋岛国经济发展合作论坛”部长级会议在斐济楠迪成功举办。会上，中方宣布了支持岛国经济发展的一系列重大举措。2013 年 11 月，第二届“中国—太平洋岛国经济发展合作论坛”在广州举行。中方在此次论坛上进一步提出支持岛国重大项目建设、支持岛国扩大对华出口、支持岛国开发人力资源、支持岛国开拓中国旅游市场、支持岛国发展医疗卫生事业、支持岛国发展农业生产、支持岛国保护环境和防灾减灾等政策举措。2018 年 11 月，第三届“中国—太平洋岛国经济发展合作论坛”将在巴布亚新几内亚首都莫尔兹比港举行。这次论坛是中国与太平洋岛国关系史上的又一重大盛会，将为中国与太平洋岛国领导提供探讨共同关心的区域和国际问题的机会，并将推动双方合作迈上新征程。

此外，在气候变化等新兴领域，协商对话为中国与太平洋岛国之间消除分歧和拓展合作空间发挥了积极作用。近年来，随着全球气候变暖、海平面上升和海浪侵蚀等灾害对太平洋岛国的生存环境带来了巨大的威胁。应对气候变化由此成为太平洋岛国经济发展与对外合作的优先议题。为此，14 个太平洋岛国参与成立了小岛屿国家联盟，呼吁国际社会，尤其是发达国家率先采取行动大幅减排温室气体，同时增加经济和技术援助，支持小岛国应对气候变化问题。作为最大的发展中国家，中国不仅在环境治理、节能减排、发展绿色低碳技术等方面取得了巨大进步，还在主动承担国际责任，积极参与国际对话，支持太平洋岛国应对气候变化，推动全球气候谈判、促进新气候协议的达成等方面做出了积极贡献。

三　中国与南太平洋国家共建“21 世纪海上丝绸之路”的总体思路与国别路径

中国与南太平洋国家关系日益密切，这主要表现在：一是双方合作平台不断巩固，多种形式的双边合作不断深化，论坛形式的多边合作机制也在日益完善；二是合作领域不断拓宽，涉及能源、资源、教育、科技、文化等各个方面的合作，这不仅对中国的现代化建设具有重要作用，对南太平洋地区的发展也起着至关重要的推动作用。为此，应结合当前中国与南太平洋国家共建“21 世纪海上丝绸之路”面临的问题和挑战，明确合作的总体思路并“以点带面”地制定国别路径。

（一）中国与南太平洋国家共建“21 世纪海上丝绸之路”共谋共赢发展

从政治、经济、人文以及机制建设等各个方面加强与南太平洋地区的联系，为共建“21 世纪海上丝绸之路”奠定坚实的基础。

一是加强双方高层交往。南太平洋地区的国家规模不一、发展阶段不同，应把握该地区独特的政治经济环境，充分发挥高层对话的作用，加强在国际事务中的协商与合作，扩大双方在全球和地区问题上的共识，增加双方政治互信，合理照顾彼此在国际社会中的重大关切，寻求更多的利益交会点，为双方关系的发展营造友好氛围。

二是扩大双方人文交流，促进“一带一路”民心相通。可以通过各种层次的交流，加深双方的相互理解，从而实现相互借鉴、取长补短。中国与南太平洋国家进一步推动在教育、文化等人文领域的交流，增进双方民众之间的相互了解和友谊，为双方关系的发展奠定更加牢固的民意基础。

三是深化双方经贸合作。中国与南太平洋地区深化经贸合作具有坚实基础，双方关系的稳定发展为深化经贸合作创造了良好的环境。此外，双方在资源、资金和技术等方面具有各自的优势，经济互补性强，而且，双方经济均处于快速发展时期，具有扩大相互合作的内在动力。

四是拓展同南太平洋地区组织之间的合作。中国是太平洋岛国论坛的对话国，并与太平洋岛国论坛渔业局、南太平洋区域环境署、南太平洋旅游组织、太平洋岛屿发展署等南太平洋地区组织建立了联系并开展了多种形式的合作。事实证明，加强与南太平洋地区组织的合作是深化双方合作关系行之有效的途径。

五是巩固和建立双方合作机制。目前，中国与南太平洋地区各国已经建立了不同形式的双方和多边合作机制。在双边层面，中国与多数南太平洋国家签订了经贸合作协定；在多边层面，“中国—太平洋岛国经济发展合作论坛”和中国与太平洋岛国论坛会后对话会为双方关系的深入创建了新的平台。

（二）“21 世纪海上丝绸之路”框架下中国与南太平洋国家合作前景

推进“21 世纪海上丝绸之路”框架下中国与南太平洋国家合作要坚持互利共赢，共商共建共享原则。加强与南太平洋国家地区的重点国家之间在“21 世纪海上丝绸之路”建设框架下的务实合作，并发挥它们的示范作用，带动中国与整个南太平洋地区的全面合作。结合南太平洋地区各国的经济禀赋等因素，促进务实合作，不断开创合作新前景。

1. 推进中澳务实合作

澳大利亚是南太平洋地区综合实力最强的国家，中国和澳大利亚两国经济具有互利合作共赢的潜力。双方在贸易投资上的相互依赖显著，旅游等人员往来非常频繁。截至 2018 年上半年，中国作为澳大利亚最大贸易伙伴、第一大出口市场和第一大进口来源地的地位尚未发生改变。《澳大利亚发展报告（2017—2018）》指出，中国对澳直接投资屡创新高，2017 年中国对澳直接投资额为 133 亿澳元（约合 103 亿美元），澳大利亚已成为中国对外直接投资第二大目的地国。[①] 澳大利亚统计局公

---

① 《澳大利亚已成为中国对外直接投资第二大目的地国》，商务部“走出去”公共服务平台网站，http：//fec. mofcom. gov. cn/article/tzhzcj/xgzx/201901/20190102828854. shtml。

布的数据显示，2018 年中国访澳游客总计为 143 万人次，较 2017 年增长 6%，中国取代新西兰成为澳大利亚最大海外游客来源地。[①] 紧密的经贸往来和人员联系为中澳关系良性发展奠定了较为坚实的基础。双方应管控分歧，推进务实合作，造福两国人民。

2. 推进中新务实合作

新西兰是南太平洋地区仅次于澳大利亚的大国，也是这个区域两个发达国家之一。新西兰政局稳定，社会安宁，营商环境优越，税制透明规范，法治完善，高级人才充足，在世界银行集团发布的全球经济体营商环境排名上，新西兰长期居于榜首。其经济以农牧业为主，农牧产品出口约占出口总量的 50%。羊肉和奶制品出口量居世界第一位，羊毛出口量居世界第三位。工业也以农林牧产品加工为主，主要有奶制品、毛毯、食品、皮革、烟草、造纸和木材加工等轻工业，产品主要供出口。近年来，陆续建立了一些重工业，如炼钢、炼油、炼铝和制造农用飞机等。

中国和新西兰双边关系良好，长期以来中新关系堪称中国与发达国家经贸合作的典范。2008 年 4 月，两国签署自由贸易协定，新西兰成为第一个与中国达成双边自由贸易协定的发达国家。2017 年 4 月，双方举行中新自贸协定首轮升级谈判，新

---

① Australian Bureau of Statistics, Chinese Travellers Lead the Way Down Under, February, 19, 2019.

西兰成为首个同中国启动自贸协定升级谈判的西方发达国家。中国和新西兰比较早就敲定了“一带一路”框架下的合作。2017 年 3 月，中新签署关于加强“一带一路”倡议合作的安排备忘录，新西兰成为首个同中国签署类似合作文件的西方发达国家。2017 年 5 月，新西兰高等教育、培训和就业部部长保罗·戈德史密斯来华参加“一带一路”国际合作高峰论坛高级别会议。2018 年 11 月，新西兰经济发展部部长帕克率团来华出席首届中国国际进口博览会。当时新西兰就确认其经济发展部部长将出席 2019 年第二届“一带一路”国际合作高峰论坛。

新西兰高度重视“一带一路”框架下的合作。新西兰新中关系促进委员会委托普华永道国际会计事务所起草了关于“一带一路”倡议的专题研究报告，报告建议新西兰应将互联互通作为当前推进“一带一路”合作的重点，具体可从贸易便利化、打造联结枢纽、创意领先、科技创新四个方面，以及包括生物安全、海关清关、创意产业、互动模拟等在内的八个领域加以推进。①

在“21 世纪海上丝绸之路”建设框架下推进中国新西兰经济合作，可以在航空互联互通、扩大贸易投资、金融一体化、供应链联通等取得早期收获的领域基础之上，重点推进农牧林

① PwC，“Belt and Road Initiative：a Strategic Pathway”，https：//nzchinacouncil. org. nz/wp-content/uploads/2018/07/NZCC-BRI-report. pdf.

业、基础设施、旅游及文化产业、新能源等双方各自具有禀赋和能力优势并具备较强互补效应的领域的项目设立和实施。新西兰技术创新活跃，科技生态系统发达，双方在“一带一路”第三方市场开展技术创新及其产业化运用合作的前景也十分广阔。此外，在气候变化和减排、引领发达国家和新兴市场对接等方面，中国和新西兰在“21 世纪海上丝绸之路”框架下拥有广泛的共同利益和合作潜力。

3. 中斐合作务实深入

斐济是南太平洋地区的经济和政治中心，是联系其他岛国之间的重要枢纽，许多区域组织总部都设在斐济。在南太平洋地区，斐济经济实力较强，并且拥有较大的影响力。

自建交以来，中斐双边关系稳步发展。“21 世纪海上丝绸之路”倡议提出后，斐济政府积极响应这一倡议，并与中方积极探索倡议框架下的务实合作。2014 年 11 月，中斐双方宣布建立“相互尊重、共同发展的战略伙伴关系”。这是两国关系迈向新的发展阶段的重要标志。2018 年 11 月，两国政府正式签署《关于共同推进丝绸之路经济带和 21 世纪海上丝绸之路建设的谅解备忘录》，并一致同意按照共商、共建、共享原则，在政策沟通、设施联通、贸易畅通、资金融通、民心相通领域开展合作，实现共同发展和共同繁荣。[①]“21 世纪海上丝绸之路”与斐

① 《中国与斐济签署共建“一带一路”合作谅解备忘录》，中国驻斐济共和国大使馆网站，http：//fj. chineseembassy. org/chn/xw/t1612307. htm。

济“向北看”政策深入对接。

双方经贸与旅游合作持续深化。在经济上，斐济资源丰富，可供开发利用价值潜力大。斐济拥有丰富的林业、渔业和矿产资源。海洋经济潜力大，渔业资源丰富，盛产金枪鱼、海参、巨蚌等海产品。斐济还是著名的海外度假胜地。2015 年，接待境外游客 75.5 万人次，其中中国游客为 4 万人次，呈上升态势。双方经贸合作持续深化，造福两国人民。

双方持续推进可持续发展领域合作。可持续发展是包括斐济在内的太平洋岛国面临的重大课题，关乎这一地区的生存与发展问题。中国在可持续发展问题上积累了很多经验，斐济政府也多次表示希望加强在这一领域与中国的合作。2016 年 8 月，斐济外交部部长昆布安博拉公开表示，中国是斐济的重要合作伙伴，斐济希望与中国一道通过南南合作确保发展中国家的利益，尤其是在可持续发展等问题上。

4. 中巴（新）合作潜力持续

巴布亚新几内亚是南太平洋岛国中国土面积和人口规模最大的国家。巴布亚新几内亚国土面积 46.28 万平方千米，水域面积 240 万平方千米；人口约 750 余万，占这一地区人口总数的 8 成以上。巴布亚新几内亚地处全球贸易通道枢纽的战略要位，资源丰富，矿产、石油和农业经济作物是其经济的支柱产业。目前，巴布亚新几内亚政府集中精力发展经济，正加强实施《2010—2030 年发展规划》和《2050 年远景规划》等发展战略规划。中巴经济互补性强，合作空间巨大，加强“21 世纪海上丝绸之路”与巴布亚新几内亚国家发展规划的对接，能够为巴新经济社会发展创造新的机遇。

巴布亚新几内亚拥有大量可供开发的海底资源，拥有太平洋地区最大的渔场。在240万平方千米的专属经济区内，巴布亚新几内亚拥有全球总量18%的金枪鱼，年潜在捕捞量30万吨，而年捕捞量约20万吨。但是，巴布亚新几内亚渔业发展并不发达，只有34%的渔产品在当地加工。为鼓励渔业可持续发展，巴布亚新几内亚政府积极推动配套基础设施建设，并为渔业发展提供必要的服务，尤其是加大对马当太平洋渔业园和莱城渔业园等园区建设的投入，吸引捕鱼船上岸入园加工后再出口，从而有效促进了渔业的商业开发，拉动了当地就业和经济发展。在巴布亚新几内亚加大力度促进渔业发展的同时，深化双边渔业合作具有巨大空间和潜力。

5. 深化中国与瓦努阿图合作

瓦努阿图是南太平洋地区的岛国之一，也是“21世纪海上丝绸之路”的一个节点。

“一带一路”倡议提出后，瓦努阿图政府对这一倡议表示积极关注和支持，并希望瓦努阿图同其他太平洋岛国一起都能成为“一带一路”建设的参与者。“一带一路”倡议将给瓦努阿图的发展带来机遇。正如瓦努阿图共和国驻华大使塞拉·莫利萨所言，“丝绸之路经济带”构想不仅为丝绸之路沿线国家带来发展机遇，也为瓦努阿图共和国带来了商机，因为这意味着中国、中亚、欧洲国家将会开放更多的贸易合作领域，更多的太平洋岛国也有机会参与其中。因此，依托这一倡议，瓦努阿图期待进一步加深与中方在政策、贸易、金融、设施和人文方面的联系。

“一带一路”倡议的提出，为双方深化各领域合作提供了新的契机。在“一带一路”框架下推进双方务实合作，深化基础设施建设、农业、渔业、旅游业等领域的务实合作，促进双边贸易关系，扩大双方投资合作。扩大双方人文交流，让普通民众能够分享两国关系发展的成果。加强在应对气候变化、自然灾害和可持续发展等全球性问题上的合作，并为其他国家积累经验和提供借鉴。

考虑到南太平洋地区各国的经济规模、战略价值以及双边关系等因素，中国同澳大利亚、新西兰、斐济、巴布亚新几内亚和瓦努阿图等国在“21 世纪海上丝绸之路”建设框架下的合作将有更加广阔的发展前景，并以此为依托推进中国与南太平洋国家关系的全方位发展。

深化与里海地区能源合作

张　宁　高际香*

2013年9月习近平主席在哈萨克斯坦纳扎尔巴耶夫大学演讲时，提出共同建设“丝绸之路经济带”倡议；当年10月4日在印度尼西亚国会演讲时，提出共同建设“21世纪海上丝绸之路”。其中“丝绸之路经济带”是针对欧亚大陆陆路通道上的合作倡议，是向西开放合作，将中国与中亚国家、俄罗斯、南亚、西亚、高加索等国合作纳入整体框架，彼此相互协调。

能源合作是“一带一路”的重要组成部分。在“一带一路”倡议推动下，一个个掷地有声的能源合作项目不仅增强了我国开放条件下能源安全保障能力，更带动了沿线国家的资源开发与能源建设，为世界经济复苏和可持续发展增添了无限

---

* 张宁，中国社会科学院俄罗斯东欧中亚研究所研究员；高际香，中国社会科学院俄罗斯东欧中亚研究所研究员。

活力。

“一带一路”能源合作伙伴关系是深化“一带一路”沿线国家能源务实合作、维护全球能源安全、完善全球能源治理体系的重要平台，对于推动人类命运共同体的构建具有重大而深远的意义。2018 年 10 月 18 日，“一带一路”能源部长会议就建立“‘一带一路’能源合作伙伴关系”达成共识，表示愿致力于打造全球能源命运共同体、推进全球能源安全和可持续发展。2019 年 4 月 25 日在北京举行“一带一路”能源合作伙伴关系成立仪式。来自 30 个伙伴关系成员国及 5 个观察员国的能源部长、驻华大使、能源主管部门高级别代表出席。会议期间，伙伴关系成员国共同对外发布《“一带一路”能源合作伙伴关系合作原则与务实行动》，约定每两年举办一次“一带一路”能源部长会议，并按照需要开展部长级培训班和能源合作领军人才培养项目，还致力于推动政府间政策交流与合作意向沟通，搭建双边多边项目合作与技术交流平台，推动能源领域务实合作。

伙伴关系国包括阿富汗、阿尔及利亚、阿塞拜疆、玻利维亚、柬埔寨、佛得角、乍得、中国、东帝汶、赤道几内亚、冈比亚、匈牙利、伊拉克、科威特、吉尔吉斯斯坦、老挝、马耳他、蒙古国、缅甸、尼泊尔、尼日尔、巴基斯坦、刚果（布）、塞尔维亚、苏丹、苏里南、塔吉克斯坦、汤加、土耳其及委内瑞拉。

享有丰富油气资源的里海一直享有“第二个中东”的美誉，地处中国—中亚—西亚经济走廊核心区域。但沿岸国家却因经济发展水平偏低、基础设施体系滞后等因素，限制了该区域能源输出产业的发展。“一带一路”倡议的提出与深化，无疑为中亚区域拓展能源市场，实现经济腾飞提供了更多可能。目前，中哈原油管道、中亚天然气管道 A/B/C 线已建成，并成为中国西北方向的重要能源战略通道，计划中的 D 线是又一条连通中亚与中国的能源大动脉，在与里海沿岸国家一起开发资源，促进其发展的同时，也进一步满足中国能源安全需求。

俄罗斯、阿塞拜疆、哈萨克斯坦、土库曼斯坦和伊朗等里海沿岸五国地处欧亚交界，不仅地缘战略地位突出，而且蕴藏丰富的油气资源，是“一带一路”建设重要节点国家，更是我国打造能源命运共同体的重要合作伙伴。在当今世界格局深刻变化、国际竞争日趋激烈的背景下，以“一带一路”能源合作伙伴关系为平台，以深化与里海地区等丝绸之路沿线国家能源合作为抓手，进一步提升沿线国家资源整合能力，打造整体竞争优势，对以能源领域重大项目撬动与相关国家产能合作、推进“一带一路”和人类命运共同体建设走深走实具有重大而深远的意义。

一 深化与里海地区能源合作的现实基础

（一）供给层面分析

里海沿岸国家油气资源储量和开发能力是深化与里海地区能源合作的现实基础。里海实际是一个巨大的内陆湖泊，面积约为37万平方千米，南北长约1200千米，平均宽度320千米，海岸线共长6500千米，最深处1025米，平均深度180米左右，水面海拔-28米。里海地区蕴藏着十分丰富的石油和天然气，而且随着地质勘探不断深入，储量不断扩大，世界级新油田不断被发现，正逐渐成为仅次于中东和西西伯利亚的世界第三大油气藏区。苏联解体后，里海沿岸国家变成五个，即俄罗斯、伊朗、土库曼斯坦、哈萨克斯坦和阿塞拜疆。2018年度《世界能源统计年鉴》数据显示，上述五国油气资源丰富，开采能力较强（见表1）。

表1　里海沿岸国家油气资源储量及开采加工量

	俄罗斯	哈萨克斯坦	土库曼斯坦	伊朗	阿塞拜疆
石油					
已探明储量（亿桶）	1062	300	6	1572	70
年开采量（万吨）	55440	8690	1240	23420	3920
日开采量（万桶/日）	1125.7	183.5	25.8	498.2	79.5
日加工量（万桶/日）	570.8	35.5	12.5	196.8	11.7
炼厂产能（万桶/日）	658.4	36.0	27.1	210.5	20.5
天然气					
已探明储量（万亿立方米）	35	1.1	19.5	33.2	1.3
年开采量（亿立方米）	6356	271	620	2239	177
年开采量（百万吨油当量）	546.5	23.3	53.3	192.5	15.2

资料来源：2018年BP《世界能源统计年鉴》。

1. 俄罗斯油气工业发展及资源分布

俄罗斯具有150年的油气工业发展史。苏联解体前的1988

年，石油年产量达到了历史峰值的5.69亿吨。之后受国际石油价格和国内经济发展状况的拖累，产量迅速下滑，1996—1998年曾降至3.05亿—3.18亿吨的水平。2000年以来，随着国际市场油价的上涨以及俄罗斯政府制定有利的资源利用政策，促使其油气产量迅速增加，2012年重新回归世界第一大原油生产国地位。

俄罗斯石油资源主要分布在陆上，陆上石油资源占87.4%，海上石油资源占12.6%。其中陆上石油资源主要分布在西西伯利亚（占61.2%）、伏尔加—乌拉尔（占16.0%）、东西伯利亚—远东（占15.1%）、季曼—伯朝拉（占5.2%）、高加索（占1.8%）、其他地区（占0.7%）；海上石油资源主要分布在北极海、鄂霍次克海和里海等大陆架油气区（见图1）。

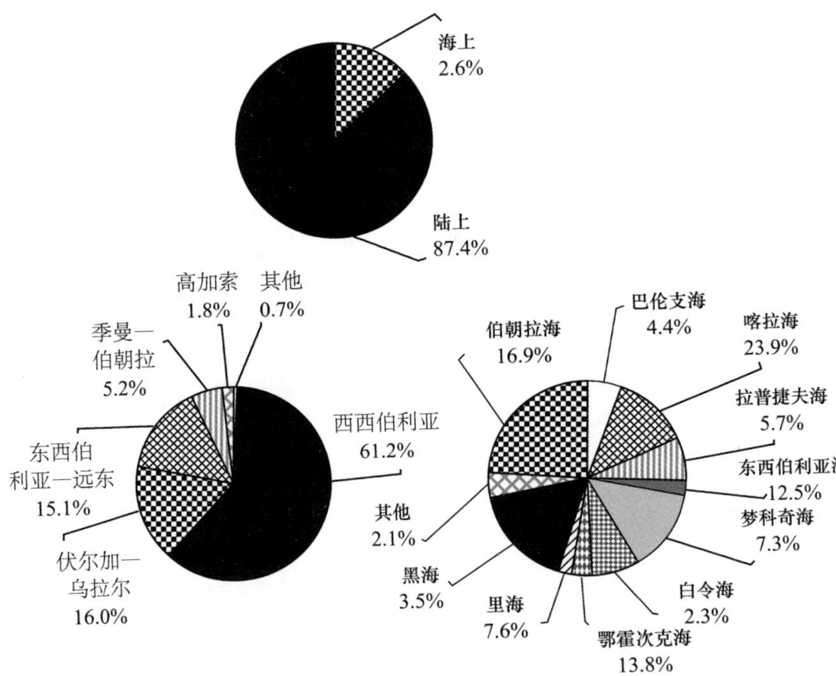

图1　俄罗斯石油天然气分布

俄罗斯主要油区有三个。一是西西伯利亚油区。油气区覆盖面积约243万平方千米，已发现9个特大型油田（滨鄂毕、萨马特罗尔、红列宁、萨雷姆、凡科尔、特福林斯科—鲁斯基、普里拉日罗姆、东缅索亚赫和乌列戈伊）和56个大型油田。该区域的石油年产量约占全俄石油年产量的2/3。二是伏尔加—乌拉尔油区。油区面积约70万平方千米，发现油藏超过1000个，其中有1个巨型油田（罗马什金油田）和2个大型油田。伏尔加—乌拉尔油区目前的石油年产量约占全俄石油年产量的1/4。三是季曼—伯朝拉油区。季曼—伯朝拉油区面积约35万平方千米，已发现油藏约224个，其中大型油田8个。目前的石油年产量约占全俄石油年产量的6.5%。

天然气领域，俄罗斯享有“天然气王国”之誉。俄罗斯天然气田主要分布于西西伯利亚地区，探明储量占全俄的4/5左右。西西伯利亚的天然气田几乎都分布在秋明州内，又称秋明天然气田。目前占全俄80%以上的天然气产量均出自秋明。秋明区的乌连戈伊气田的探明储量约8万亿立方米，为世界第一大气田。

2. 哈萨克斯坦油气工业发展及资源分布

哈萨克斯坦石油储量非常丰富，已探明储量居世界第7位，独联体第2位。哈萨克斯坦油气部数据显示，哈萨克斯坦全国约62%的国土蕴藏油气资源，地质储量约170亿吨。油气资源主要位于哈萨克斯坦西部（约70%的石油和98%的天然气），仅卡沙干和田吉兹两处便集中全国约一半的油气资源。截至

2017 年年底，哈萨克斯坦已探明剩余石油储量 43 亿吨，天然气 1.1 万亿立方米，约 90% 蕴藏量集中在田吉兹、卡沙干、卡拉恰干纳克、乌津等 15 个地方。

自 1899 年哈萨克斯坦在西部卡拉宋古尔地区钻获第一口油井开始，哈萨克斯坦石油工业至今已有 100 多年的历史，基本形成了勘探、开发、储运、炼化、销售等横贯上下游的完整产业链。石油工业在哈萨克斯坦国民经济中占有十分重要的地位。

哈萨克斯坦天然气剩余可采储量位列世界第 18 位，独联体国家第 3 位，仅次于俄罗斯和土库曼斯坦。天然气储量主要集中在哈萨克斯坦西部各州，其中，西哈萨克斯坦州的卡拉恰干纳克凝析油气田占 35%，阿特劳州的卡莎甘油田占 31%，阿特劳州的田吉兹油田占 15%，阿克纠宾州的让那诺尔凝析油气田占 3%，阿特劳州的伊马舍夫油气田占 3%。

哈萨克斯坦独立后，为克服由于资金和技术制约造成的油气生产停滞局面，采取有效措施，积极吸引外资，油气工业获得了快速发展。鉴于哈萨克斯坦油气工业具有良好的资源基础，未来油气产量将进一步增长。

3. 土库曼斯坦油气工业发展及资源分布

土库曼斯坦矿产资源主要有石油、天然气、芒硝、碘、有色及稀有金属等。80% 国土（含里海大陆架）有油气储藏。据 BP《世界能源统计 2012》，土石油已探明储量 1 亿吨，天然气 13.4 万亿立方米，大型天然气田主要有南约洛坦、米纳拉、亚什拉尔等。

土库曼斯坦油气资源十分丰富，天然气储量占世界第四位，是主要的天然气出口国。全国油气总地质资源量为 454 ×108 吨油当量。石油远景储量约为 68 亿吨，总可采量预估为 2.13 亿吨。大部分石油储量主要集中在二十几个油田内。其中，科图尔捷佩和巴尔萨克尔梅兹油田最为重要。据估算，天然气远景储量可达 22.8 万亿立方米，工业储量约为 2.7 万亿立方米。天然气储量主要集中在 100 多个气田内，其中 80% 储量集中在巨型超大达乌列托巴德—多尔梅兹气田和另外二十几个大气田内。2009 年，经国际勘探结果显示，仅仅南约廖坚（原约拉坦）的奥斯曼气田可能储量就高达 4 万亿—14 万亿立方米。

根据油气资源的不同特点，土库曼斯坦可以划分出 4 个成矿区域：西部、中部、东部和土库曼斯坦所属里海水域。西部油气田大多数为多层复杂的地质结构，地层数量从数层到百层以上不等。东部油气主要蕴藏在上侏罗世碳酸盐下。里海水域近年发现的油气田主要集中在哈扎尔—奥斯曼隆起带。土库曼斯坦东部的阿姆河盆地（卡拉库姆盆地）为中生界富气盆地，具有构造圈闭面积大、集储量层物性好、保持条件好和储量丰度高等特征，其内大型气田主要分布在盆地边缘断阶带，而西土库曼盆地为一个产油盆地。

石油主要产于西部，石油主要蕴藏在里海水域和沿岸地区。里海盆地边缘低地和哈扎尔附近海底的上新世地层产有石油。目前已发现 34 个油田和 81 个凝析油田，其中有 20 个油田和 38 个天然气凝析油田正在开发。科图尔捷佩油气田 1965 年被发现，位于巴尔汉构造隆起带中西部，背斜构造圈闭，当时探明石油可采储量约 2.5 亿吨。巴尔萨克尔梅兹油田 1962 年被发现，位于巴尔汉构造隆起带中部、科图尔捷佩油气田东南 25 千米处，背斜构造圈闭，探明石油可采储量 1.18 亿吨。

天然气主要蕴藏在东部，卡拉库姆盆地东南凹陷带内，马雷州捷詹河和穆尔加布河之间的中生代地层产有天然气。全国现已发现 149 个天然气田（储量共计约 5 万亿立方米），其中陆上气田 139 个（储量约 4.6 万亿立方米），里海大陆架气田 10 个（储量约 0.4 万亿立方米）。这些气田中，有 54 个气田（储量 2.6 万亿立方米）正在开采。复兴气田是南约洛坦—奥斯曼、米纳拉、亚什拉尔气田的合称，地质储量超过 26 万亿立方米，是土库曼斯坦天然气出口战略的重要支点。

4. 阿塞拜疆油气工业发展及资源分布

阿塞拜疆曾是独联体地区开采最早、产量最大的油气田区，因长期开采，其陆上勘探和产量已过峰值期。石油开采主要产自里海，约占总产量的 95% 以上，陆上油田则因设备老化而依靠注水维持生产。国内炼厂的设计年加工能力约为 2000 万吨，因设备老化目前只能开工约 1/4。

2007 年以来，阿塞拜疆石油年产量 4000 万—5000 万吨（2013 年共开采石油 4348 万吨），国内消费每年 400 万—500 万吨，其余出口，主要输往俄罗斯、意大利、土耳其和德国等国。英国 BP 公司主导的“阿塞拜疆国际联合作业公司”是最大的原油开采商。

阿塞拜疆陆上天然气在苏联时期已基本开发殆尽，独立后又无力开发里海资源，使其天然气产量长期低于消费量，并主要依赖从俄罗斯进口补充。后借助于西方公司投资而产量逐年上升，2006年成为净出口国。2007年之前，阿塞拜疆的天然气产量均不足100亿立方米，2007年之后产量逐年增长，从当年的170亿立方米增加到2013年的295亿立方米。2007—2013年，每年国内消费天然气80亿—90亿立方米，其余出口。

为吸引外资，开发利用本国油气资源，阿塞拜疆采取的主要措施有：

第一，整合国内资源，重组国有的阿塞拜疆石油公司。将所有与油气有关的，原先分散和独立的能源企业重组为统一的“阿塞拜疆国家石油集团”，并按照勘探、开发、运输、炼化、销售等业务形成上下游一体的专业化石油企业，既加强国家对油气资源的控制，又可集中力量对外合作，增强谈判能力，避免同质性竞争。

第二，建立“国家石油基金”。资源的可持续开发和代际利用。作为不可再生资源，油气资源推动是有限的，为使下一代民众仍能享受石油福利，就需要现在将部分石油收入储存，作为未来发展基金。

第三，与西方石油公司积极沟通和谈判。1994年9月20日，阿政府与来自8个国家的13家外国石油公司组成的外国财团在巴库签订有关共同开发里海阿杰里、齐拉格和久涅什利三个油气区块（简称“阿—齐—久”区块）的合作协议①。协议合同期 30 年，总投资价值 80 亿美元。1996 年 6 月，阿塞拜疆与法国、俄罗斯、挪威、土耳其、伊朗的能源公司签署联合开发“沙赫杰尼兹”油气田协议，合同期 30 年，总投资额 40 亿美元。此后天然气产量逐年增加，2006 年起成为净出口国。

这极大地推动了阿经济发展。阿塞拜疆石油产量从 1995 年的 920 万吨增加到 2014 年的 4202 万吨，同期的天然气产量从 60 亿立方米增加到 296 亿立方米。政府的石油收入主要来自油气开发的签字费、产品分成、企业纳税等。据测算，综合所有合作协议条件，阿政府总体上可收获油气开发利润的 80%，剩下的 20% 为投资企业所有（尽管如此，仍可保证投资企业获得巨额利润）。另外，资源开发带动的就业、设备生产、配套服务保障、后勤供应等，也让阿国获益匪浅。油气田开发引发国内基础设施高潮，如港口、管道、宾馆餐饮等服务设施、道路交通、通信、航运、设备生产和服务等，也刺激其他领域制度改革，如进一步改革土地制度、改善吸引外资和劳工条件、设立免税区、鼓励创新研发、助力中小企业发展等。

---

① 这 13 家石油公司分别是：Amoco、BP、McDermott、Unocal、SOCAR、LukOil、Statoil、Exxon、TPAO、Pennzoil、Itochu、Ramco、Delta，分别来自阿塞拜疆、美国、英国、俄罗斯、土耳其、挪威、日本、沙特阿拉伯。

表 2　　阿塞拜疆油气产量

年份	阿塞拜疆国家石油公司石油产量（万吨）	阿塞拜疆石油总产量（万吨）	阿塞拜疆国家石油公司天然气产量（亿立方米）	阿塞拜疆天然气总产量（亿立方米）
2004	897.64	1554.88	39.998	55.747
2005	896.74	2222.00	39.306	64.878
2006	899.38	3227.30	44.560	90.448
2007	880.09	4260.43	59.976	169.644
2008	865.13	4452.72	77.526	234.054
2009	854.33	5041.93	69.030	236.816
2010	845.97	5079.55	71.789	263.496
2011	840.09	4562.54	70.842	257.529
2012	828.98	4338.98	69.246	269.088
2013	831.49	4348.39	71.401	294.560
2014	832.04	4202.27	72.228	296.170

资料来源：State Oil Company of the Azerbaijan Republic, Oil Production (Annual), http://www.socar.az/socar/en/economics-and-statistics/economics-and-statistics/oil-production.

表 3　　阿塞拜疆的油气出口（价值：亿美元）

	2005 年		2006 年		2007 年		2008 年		2009 年	
	数量	价值	数量	价值	数量	价值	数量	价值	数量	价值
原油（万吨）	634.5	22	921.5	38	631.4	32	3686.0	252	2783.0	120
汽油（万吨）	32.3	1	33.7	2	33.3	2	37.2	3	25.4	1
煤油（万吨）	20.2	1	21.2	1	31.5	2	20.7	2	104.6	6
柴油（万吨）	170.7	7	161.1	9	145.6	9	165.1	12	157.7	7
天然气（亿立方米）	—	—	0.66	0	1.51	0	37.0	1	67.2	1

续表

	2010 年		2011 年		2012 年		2013 年	
	数量	价值	数量	价值	数量	价值	数量	价值
原油（万吨）	3191.7	185	2782.5	229	2424.4	202	2485.6	202
汽油（万吨）	19.7	1	9.7	1	6.0	1	2.5	0
煤油（万吨）	15.3	1	24.4	2	25.9	2	25.3	2
柴油（万吨）	156.9	9	135.9	11	113.9	10	108.5	9
天然气（亿立方米）	179.3	3	288.6	6	271.4	6	303.5	7

资料来源：The State Statistical Committee of the Republic of Azerbaijan, 20. Dynamics of main commodities exports, http://www.stat.gov.az/source/trade/indexen.php.

5. 伊朗油气工业发展及资源分布

伊朗的石油探明储量和天然气探明储量分别位居世界第四位和世界第二位，分别为 1580 亿桶和 1201 万亿立方英尺。伊朗是全球十大石油生产国和五大天然气生产国之一。伊朗的原油储量占世界储量的近 10%，约占 OPEC 储量的 13%。伊朗原油储量约有 70% 位于陆上，其余大多蕴藏在波斯湾。伊朗在里海的探明储量颇丰，但勘探一直处于停滞状态。伊朗已探明的天然气储量位居全球第二，仅次于俄罗斯，占世界已探明储量的 17%，占 OPEC 储量的 1/3 以上。伊朗大部分的天然气储量尚未得到充分开发。最大的天然气田是南帕尔斯气田，估计占伊朗天然气储量的近 40%。

油气产业是伊朗国民经济支柱产业。国有企业主导了伊朗的油气及石油化工行业。主要有伊朗国家石油公司（NIOC）、伊朗国家天然气公司（NIGC）、国家炼油和销售公司

（NIORDC）、国家石化公司（NPC）。

目前，伊朗的天然气贸易占全球天然气贸易的份额不足1%，难以与其出口潜力匹配。为成为区域内重要的天然气供应国，伊朗已与一些邻国签订了协议，拟建管道出口天然气。一是伊朗—伊拉克管道。从伊朗伊拉姆省到两国边界的天然气管道已经完工，伊拉克境内的管道建设已接近完成。二是伊朗—阿曼管道。2014 年 3 月，伊朗和阿曼约定伊朗通过管道每年向阿曼出口 3500 亿立方英尺的天然气，但该管道的建设因价格分歧被耽搁。三是伊朗—巴基斯坦管道。伊朗境内的管道建设基本完成，但是巴基斯坦境内的管道建设被推迟。

（二）需求层面分析

里海及其周边国家（俄、印、巴、中亚五国、伊朗、阿塞拜疆）不仅油气储量丰富，开采量巨大，消费能力亦不容小觑。2017 年该区域石油消费量约占世界消费量的 25%，天然气消费量约占全球的 29%（见表 4）。从需求的成长性看，该区域的油气消费能力巨大。BP《2030 世界能源展望》预测，未来 20 年全球 94% 的石油需求净增长、30% 的天然气需求净增长及 48% 的非化石燃料需求净增长将来自中印两国。

表4　　　　里海沿岸及周边国家油气消费

	俄罗斯	哈萨克斯坦	土库曼斯坦	伊朗	阿塞拜疆	乌兹别克斯坦	印度	巴基斯坦	世界
一次能源消费量（百万吨油当量）	698.3	67.4	31.7	275.4	13.9	43.0	753.7	80.9	13511.2
石油（百万吨油当量）	153.0	14.6	7.3	84.6	4.4	3.3	222.1	29.2	4621.9
天然气（百万吨油当量）	365.2	14.0	24.4	184.4	9.1	35.8	46.6	35.0	3156.0
石油年消费量（亿桶/年）	11.8	1.1	0.6	6.6	0.3	0.3	17.1	2.1	358.4
天然气年消费量（亿立方米）	4248	163	284	2144	106	416	542	407	36704

资料来源：2018 年 BP《世界能源统计年鉴》。

从中国来看，石油和天然气对外依存度逐年提高。继 2017 年成为世界最大原油进口国之后，2018 年又超过日本成为世界最大的天然气进口国。2018 年全年石油净进口量 4.4 亿吨，石油对外依存度达 69.8%；天然气进口量 1254 亿立方米，对外依存度升至 45.3%①。当时预测 2019 年中国油气对外依存度还将继续上升，分别将达 71.7% 和 46.4%。

从印度来看，根据 BP 公司的数据，近 5 年来，印度国内的石油和天然气存在巨大的需求缺口。目前，印度已经成为仅次于中国和美国的世界第三大石油进口国，其 70%—80% 的石油

① 数据来自中国石油集团经济技术研究院发布的《2018 年国内外油气行业发展报告》。

和30%—40%的天然气需要通过进口来满足。国际能源署（IEA）预测，2040年印度将成为世界最大的石油消费国，石油消费量由2014年的600万桶/日增长到980万桶/日；天然气消费量也将增长3倍，达到1750亿立方米。届时，印度的石油进口量将超过欧盟和美国，成为仅次于中国的全球第二大石油进口国，石油进口量将由2014年的370万桶/日增长到720万桶/日。

（三）前期合作经验层面分析

中国与里海沿岸国家的油气合作已有20多年历史。中国与俄罗斯的油气合作成果主要体现在五个方面。第一，合作机制不断推进。与俄罗斯的油气合作机制建立始于1996年。当时两国政府订立了共同开展能源领域合作的协定，并在两国总理定期会晤机制框架下设立了中俄能源领域合作分委会，就此开启中俄能源合作的高层对话机制。2008年中俄两国建立副总理级能源谈判机制，并将其纳入中俄总理定期会晤机制框架下，与此同时，中俄政府间能源合作委员会开始运行，成为中国最高级别的双边能源合作机制。第二，原油贸易突飞猛进。中俄原油贸易开始于2000年，当年经满洲里口岸通过铁路进口俄罗斯原油150万吨，成品油250万吨。2008年从俄罗斯进口石油首次超过1000万吨。2009年中俄达成250亿美元贷款项下为期20年、年供应原油1500万吨的长期原油管道贸易合同。2013年中石油与俄罗斯石油公司签署向中国增供原油贸易合同，合同约定，俄罗斯将通过中俄原油管道逐步向中国增供原油 1500 万吨/年，2018 年达到 3000 万吨/年，增供合同期 25 年，可延长 5 年；2014 年起通过中哈原油管道增供原油 700 万吨/年，合同期 25 年，可延长 5 年。第三，原油管道建设进展顺利。2011 年年初，中俄原油管道正式投入商业运营，2018 年年初，中俄原油管道二线工程正式投入商业运营。第四，天然气领域合作实现较大突破。2014 年 5 月，中国石油与俄罗斯天然气股份公司签署《中俄东线供气购销合同》。合同约定，从 2018 年起，俄罗斯开始通过中俄天然气管道东线向中国供气，输气量逐年增加，最终达到每年 380 亿立方米，合同期累计 30 年，合同总价值为 4000 亿美元。2014 年 11 月，中俄签署西线天然气供应框架协议。根据协议，俄罗斯将从西西伯利亚气田通过阿尔泰输气管道对华供气，并与西气东输管道对接，年供气量 300 亿立方米。2017 年 7 月，中石油与俄气签署《中俄东线购销合同的补充协议》，协议约定，双方将按计划推进远东供气、天然气发电、天然气车用燃料、上游联合开发等领域的全面合作。2017 年 12 月，位于俄罗斯北极圈的中俄亚马尔天然气项目生产线正式投产。2018 年 7 月，首船来自北极圈亚马尔项目的液化天然气船通过东北航道顺利到达中国石油江苏如东 LNG 接受站。第五，中俄油气合作向上下游一体化延伸。具体合作为中俄东方石化（天津）有限公司推动的天津炼厂建设项目、中俄签署《扩大东西伯利亚上游项目合作谅解备忘录》、中石油和俄罗斯石油公司签署《购买万科尔项目 10% 股份的框架协议》、中国石化与俄罗斯石油公司签署的《共同开发鲁斯科耶油气田和尤鲁勃切诺—托霍姆油气田合作框架协议》、中俄合作的阿穆尔天然气加工厂项目等。2018 年 9 月，中国石油与俄罗斯石油公司签署了上游合作协议，与俄罗斯天然气工业石油股份公司签署了技术合作协议，标志中俄在俄罗斯上游勘探领域开展全面合作以及在石油技术领域的合作业已开始。

中国与哈萨克斯坦的油气合作从 1997 年的阿克纠宾项目起步。历经 20 年，已形成集油气勘探开发、管道建设与运营、工程技术服务、炼油和销售为一体的完整的上中下游产业链。中国石油公司通过发挥整体技术优势，攻克技术难关，通过自主勘探在濒里海盆地发现了哈萨克斯坦独立以来最大的陆上油田——北特鲁瓦油田。通过强化生产组织、提高效率、降本增效等方式成功解决了让那若尔油田、卡拉姆卡斯油田和热得拜等处于开发中后期油田的稳产难题，实现了高效开发，经济效益明显。

二　深化与里海地区国家能源合作面临的新机遇

（一）“一带一路”倡议提出六年以来在里海沿岸国家取得较大成效

朋友圈、合作范围和规模不断扩大，倡议渐渐被里海沿岸国家民众认知，特别是“人类命运共同体”“五观”（新发展观、新安全观、新合作观、新文明观、新全球治理观）等合作理念。合作模式中的“五通”（政策沟通、设施联通、贸易畅通、资金融通、民心相通）“对接”（发展战略对接、行业和区域规划对接、项目对接等）“共商共建共享”“工业园区”“产能合作”“合作基金”“中欧班列”“丝路考古”等。“一带一路”倡议通过顶层设计、与对象国对接、政策扶持等措施，对当地的税收和就业，以及改善经济体系和结构有积极贡献，将过去分散的基础设施体系进一步互联互通。中国与里海沿岸国家合作深入推进，民心相通走深走实。

（二）国际环境变化促使里海地区国家对深入开展能源合作的意愿增强

国际形势变化主要体现在两个方面。一是世界能源格局正经历重大转型重塑。当前全球油气生产重心西移，正在形成中东、俄罗斯—中亚、非洲、美洲多元发展的新格局；全球油气消费重心东移，中国、印度等发展中国家正在逐渐成为能源消费的主体；新兴能源技术驱使下的能源多元化趋势不可逆转；互联网、大数据、云计算等信息技术与能源技术深度融合，促进了能源生产和消费的智能化；原油定价权从石油输出国转移，国际天然气贸易规则发生重大变化，里海地区国家迫切希望通过加强能源对外合作以维持和巩固其在世界能源格局中的地位。其二，里海地区油气生产国中，受外部环境影响大。在世界能源格局重塑和外部环境影响双重效应叠加下，里海沿岸国家通过深化对内对外能源合作，调整能源供应和分配格局，维持和巩固其能源产业在世界能源格局中的地位，已经成为其现实选择。

（三）里海地位问题基本解决

苏联解体前，里海沿岸只有苏联和伊朗两个国家。一般认为，苏俄和伊朗1921年的《友好合作条约》和1940年的《贸易和海运条约》是里海地位的法律基础。这两个条约规定里海为苏伊两国“共同拥有的水体”，包括确定了双方在里海的捕鱼、贸易和航行权以及共同管理权，但未涉及里海主权划分问题。苏联解体后，里海沿岸国家变为五个，有关里海海底的油气资源开发、渔业、航运、生态环保、海上救助等问题随即提上日程，划分里海成为现实问题。由于各国所处的地理位置和国家利益的不同，它们对里海地位和海域划分的立场与主张大相径庭。里海地位问题主要分为两部分。

第一，里海的性质。即里海究竟是湖还是海？该问题背后的核心因素是里海海底蕴藏着丰富的油气资源归属。伊朗和俄罗斯因其所属里海海域的油气资源相对较少，坚持里海为湖，里海的资源应由五国共同开发。土、哈、阿三国则认为，里海是海，应根据联合国《海洋法公约》进行划分，各国可自行开发。

第二，划分方法。主要有三种基本方案：一是伊朗的主张，根据苏联时期的条约对里海实行国际共管，或者沿岸五国均分原则，各得20%，平均划分里海；二是阿塞拜疆的主张，里海南部与伊朗的分界以加桑—库里（土库曼斯坦）—阿斯塔拉

（阿塞拜疆）为基础，北部按 1970 年苏联政府的决议划分，所有的海上分界线应按苏联解体后的情形确定；三是根据中心线原则，各国获得的海域面积占比分别是：俄罗斯 19%、哈萨克斯坦 29%、阿塞拜疆 21%、土库曼斯坦 17%、伊朗 14%。

早在 1998 年 7 月，俄罗斯便与哈萨克斯坦签署了双边的里海划界协议，2002 年 5 月又签署了双边里海油气资源划分协议（作为两国划界协议的补充），为其他里海沿岸国家解决划界问题提供了范例。协议确定了“中间线、海底划分、水面共有”原则。受此影响，2002 年 9 月 23 日，阿塞拜疆总统老阿利耶夫对俄罗斯进行工作访问期间，阿俄两国签订关于依据中间线原则划分里海海底邻接区段和资源的协议。两国的里海分界线西部起点在 1979 年测绘图确定的两国陆地边界在里海岸边的连接点，东部终点在北纬 42°33′6″和东经 49°53′3″的地理坐标点（该点也成为俄、哈、阿三国交界点）。2003 年 5 月 14 日，在阿拉木图举行的里海沿岸国家第 9 次副外长例行会议上，俄、哈、阿三国签署关于里海海底相邻地段划界的三方协议。2014 年 11 月 7 日，土库曼斯坦与哈萨克斯坦也依照上述原则签署双边协议（土议会已于 2015 年 5 月 26 日批准该协议）。土、阿两国在 1998 年曾发表宣言，同意沿中间线划分两国所属里海海底部分，但在确定中间线位置时出现分歧（涉及油气资源归属），至今未签协议。

为尽早解决里海地位及其划分问题，沿岸国家至 2018 年已举行 5 次元首峰会，分别如下。

首届里海沿岸国家首脑会议于2002年4月在土库曼斯坦首都阿什哈巴德举行，五国首脑同意就里海问题继续保持接触，避免使用武力，以和平手段解决分歧，但终因分歧太大，未能取得实质性的成果。俄主张在五国没有达成最终协议前，以双边谈判为基础，分阶段逐步解决里海问题。2003年5月，俄罗斯、阿塞拜疆和哈萨克斯坦三国按照中心线原则，将约占整个里海64%的里海北部区域划分成三个部分，其中哈萨克斯坦占27%，俄罗斯占19%，阿塞拜疆占18%。

第二届里海沿岸国家首脑会议于2007年11月7日在伊朗首都德黑兰举行。因核武器和反恐等问题受到西方压力，伊朗对俄罗斯的需求增多，因而对俄同哈、阿两国签订的双边协议的态度有所缓和。但伊、土之间的分歧仍然严重，各方均坚持自己的观点。与会的5国领导人未能就里海划分问题达成一致，但同意继续就此定期举行会谈，以求最终达成各方满意的结果。会后发表《德黑兰宣言》，强调里海主权及资源仅为沿岸国家所共有，沿岸各国不得允许任何外国势力利用其领土，作为反对或军事打击其他沿岸国家的平台。这意味着，五国一致同意共同反对外国势力干涉里海事务。

第三届里海沿岸国家首脑峰会2010年11月18日在阿塞拜疆首都巴库举行，签署了《关于在里海地区开展安全领域合作的协议》并发表《联合声明》。峰会的主要成果：一是强调保障里海地区的安全是沿岸国家的“特权”（换句话说，不欢迎其他国家，特别是西方国家插手里海事务）。阿塞拜疆总统小阿利耶夫在会后举行的新闻发布会上表示，峰会协议非常清楚地确定了合作的方向及合作框架，主要目的就是保障里海地区安全。二是五国首脑同意继续深化落实定期会晤机制，表示尽可能争取每年举行一次峰会。三是尽管里海地位最终协议未能签署，但各方同意将尽快就里海的法律地位达成一致。伊朗总统内贾德建议在 2011 年完成制定有关里海法律地位的国际公约。五国均意识到，如果各方无法达成妥协，里海能源开发将严重滞后，各国将错过全球经济回暖带动能源价格上涨的好时机。

第四届里海沿岸国家首脑会议于 2014 年 9 月 29 日在俄罗斯南部城市阿斯特拉罕举行，着重讨论里海法律地位和安全、水文气象、紧急情况，以及保护和可持续利用里海生物资源等问题，发表有关里海法律地位问题的《联合声明》。《联合声明》规定了有关里海国家在地区活动的关键原则，为未来签署里海法律地位公约文件奠定基石。阿塞拜疆总统，阿利耶夫在峰会上建议里海沿岸国家利用当前政治经济总体稳定的大好形势，加强区域合作，尤其是基础设施建设，打通环里海国家交通通道，共同致力于地区稳定和发展。

2018 年 8 月 12 日，第五次里海峰会在哈萨克斯坦阿克套市举行，里海沿岸国家最终签署《里海法律地位公约》。该公约的意义主要有两点。第一，有关跨里海的领土争端已原则上解决，早先影响里海水底油气资源开发（争议水域）和外送（铺设海底管道）的领土因素已不存在，能源开发面临新机遇。讨论多年的从哈萨克斯坦的阿克套至阿塞拜疆的巴库的跨里海管道项目有望重启，哈西部的丰富能源有望获得新的出口通道和市场。第二，《公约》明确规定不得允许非里海沿岸国家的军事力量存在。对于里海区域的油气合作而言，《里海法律地位公约》解决了困扰里海油气开发的两大问题——资源划界问题和管道建设问题，为日后里海地区国家对外深化能源合作奠定了坚实基础。

总体来看，深厚的现实合作基础、进一步深化合作的强烈意愿、“一带一路”能源合作伙伴关系的坚实平台，将为中国借助“一带一路”巨大政策和资金优势，大幅推进与里海沿岸国家在能源贸易、勘探开采、基础设施建设、技术研发、金融投资等方面的合作，开创“一带一路”沿线国家合作新机遇。

“一带一路”框架下中国与沙特阿拉伯、埃及经贸合作的进展和方向

王永中　万　军　周伊敏*

沙特阿拉伯和埃及地处欧、亚、非三大洲的交通要冲，区位优势明显，是“丝绸之路经济带”和“21 世纪海上丝绸之路”的交会点，是西亚、北非地区两个最具影响力的国家。沙特阿拉伯、埃及与中国的经济结构高度互补，互为对方重要的贸易伙伴，两国的“2030 愿景”发展战略规划与中国“一带一

* 本文系中国社会科学院“智库丝路万里行”专题调研课题“沙特、埃及的经济发展战略调整及与中国的能源合作”的研究成果。课题组成员包括：中国社会科学院世界经济与政治研究所世界能源室的王永中研究员、万军副研究员、周伊敏助理研究员；中国社会科学院西亚非洲研究所非洲室的张春宇助理研究员。2018 年 8 月，课题组成员先后赴沙特阿拉伯阿卜杜拉国王石油研究中心（KAPSARC）、中石化沙特代表处、中国驻沙特阿拉伯大使馆经商处、埃及贸工部、中国驻埃及使馆、中埃·泰达苏伊士经贸合作区、埃中商务理事会、国家开发银行驻开罗代表处等机构调研，受到热情接待和大力支持，特此鸣谢。感谢中国社会科学院国际合作局的经费资助。

路”倡议具有很高的契合度，为各方深化在能源、基础设施、制造业等领域的合作提供了难得的机遇。在“一带一路”框架下，当前中国与沙特阿拉伯、埃及的经贸合作已经形成了全方位、多层次、宽领域的新格局，合作领域涉及能源资源、制造业、高新科技业、旅游服务业、农业，合作方式涵盖贸易、投资、工程承包和融资等诸多领域。进一步加强中国“一带一路”倡议与沙特阿拉伯、埃及的“2030 愿景”经济发展战略的对接，将为中国与两国的经贸合作提供更加广阔的发展空间。

一　沙特阿拉伯和埃及的经济发展

（一）沙特阿拉伯经济发展

沙特阿拉伯油气资源丰富，素有“石油王国”之称，石油储量及剩余储量均居世界首位，在阿拉伯和伊斯兰世界具有重要影响力。长期以来，石油产业贡献了沙特阿拉伯 GDP、财政收入以及外贸收入的绝大部分。但近年来国际能源市场的波动给沙特阿拉伯经济带来很大冲击，促使沙特阿拉伯调整经济发展战略，谋求经济结构转型。在低油价冲击下，2016 年沙特阿拉伯政府发布了“2030 愿景”规划，旨在降低对石油的依赖，建立可持续发展的多元化经济体系。国际油价下跌，促使沙特认识到，国民经济如果过度依赖石油部门，必然很难抵御“油价波动陷阱”。沙特阿拉伯正在积极推动经济转型，力图在 2030 年实现经济多元化。

1. 经济基本情况

2017 年，沙特阿拉伯的 GDP 为 2.57 万亿沙特里亚尔（合 6842 亿美元），GDP 增长率为 -0.86%，人均 GDP 为 7.9 万沙特里亚尔（合 2.1 万美元）。2018 年前三季度 GDP 为 1.94 万亿沙特里亚尔（合 5175 亿美元），比上年同期增长 1.74%，其中原油和天然气部分为 7665 亿沙特里亚尔（合 2044 亿美元），占 GDP 的 39.5%，比上年同期增长 2.23%。2018 年前三季度人均 GDP 为 6.5 万沙特里亚尔（合 1.7 万美元），比上年同期增长 10.8%。

工业和服务业为沙特阿拉伯主要产业。从近二十多年的数据来看，两者合计占 GDP 比重均超过 93%，农业占比低。整体而言，过去十多年沙特阿拉伯工业占比呈现下降趋势，而服务业发展迅速。在过去十年中，沙特阿拉伯工业占 GDP 比重均值为 55.7%，服务业占比均值为 41.7%。截至 2015 年年底，沙特阿拉伯厂房数量达到了 6871 间，雇用了近 100 万工人。从年度数据来看，2015 年服务业 GDP 占比已超过工业，成为沙特阿拉伯第一大产业。2017 年，沙特阿拉伯工业增加值增长率为 5.37%，结束了连续五年的下跌趋势，占 GDP 比重为 45.48%，但其中制造业 GDP 占比较上年降低 0.31 个百分点；服务业增加值增长率为 -6.04%，占 GDP 比重为 50.89%。

近年来，沙特阿拉伯出口规模和贸易顺差出现大幅下降，但在 2017 年得以缓解。2012 年以来，沙特阿拉伯出口总值急剧下降，但进口依然在增加，贸易顺差由 2012 年的 8730 亿沙特里亚尔（合 2328 亿美元）下降至 2016 年的 1627 亿沙特里亚尔（合 434 亿美元）。2017 年，沙特阿拉伯的出口额开始回升，进口额下降，贸易顺差扩大至 3274 亿沙特里亚尔（合 873 亿美元）。

沙特阿拉伯出口商品较为集中，以矿产品出口为主，表现为原油及其加工品。2017 年，矿产品出口额最大，占出口总额的比重高达 76.9%，塑料制品、化学产品的出口分别位居第二、第三位，其占出口总额的比重分别为 7.7%、6.4%。沙特阿拉伯进口商品以工业制成品为主，占商品进口比重的 76.54%，其次为食品，比重为 14.9%，还包括矿石和金属（3.31%）、农业原料（0.77%）以及燃料（0.6%）。

从对外贸易区域来看，2017 年沙特阿拉伯的主要出口对象为亚洲地区国家（中国、印度、日本、韩国、新加坡），出口占比高达 51.0%，其次为欧盟和海湾地区（11.6% 和 11.2%），出口北美比重为 9.2%。2017 年，沙特阿拉伯主要进口来源为亚洲和欧盟地区，占进口比重分别为 30.7% 和 25.9%。

财政收入大幅增加，财政赤字降低。2018 年前三季度，沙特阿拉伯财政总支出为 7121 亿沙特里亚尔（合 1899 亿美元），同比增长 25%，主要用于国民账户支付、生活补贴及基础建设支出等，公共债务上涨至 5495 亿沙特里亚尔。得益于油价上涨、成功采取多项举措提升了非石油部门收入和财政支出效率提高等有利因素，2018 年前三季度财政收入达到 6631 亿沙特里亚尔（合 1768 亿美元），同比增长 47%，其中非石油收入 2110

亿沙特里亚尔，同比增长48%，占全部收入的31.8%。2018年前三季度，沙特阿拉伯财政赤字490亿沙特里亚尔，比上年同期降低60%[①]。

得益于国际石油价格复苏和石油出口收入增加，沙特阿拉伯外汇储备实现止跌回升。自2014年油价暴跌以来，沙特阿拉伯外汇总储备（包括黄金）连续三年出现下跌，由2014年的7319亿美元跌至2017年的4960亿美元，跌幅达到了32%。根据沙特阿拉伯中央银行数据，2017年10—12月，沙特阿拉伯外汇储备规模连续三个月上升，分别增长了83亿美元、10亿美元、20亿美元。

2.“2030愿景”经济结构转型发展规划

近年来，世界油气市场供求失衡叠加全球金融市场的动荡，使得国际石油价格一度出现暴跌，给沙特阿拉伯经济造成了巨大的冲击。从2014年下半年开始，国际油价从每桶110美元的高位持续下跌，2016年年初一度跌至30美元以下，此后油价有所回升，但直到2017年上半年，油价一直徘徊在每桶50美元。沙特阿拉伯是全球石油储量和产量最大的国家之一，国民经济高度依赖石油部门，极易受到国际石油市场波动的影响。石油收入大幅下降使得沙特阿拉伯经济增速持续放缓，2016年增长率仅为1.7%，2017年则接近于零。政府财政收入也随之锐减，

① 资料来源：中国驻沙特阿拉伯使馆经济商务参赞处网站，http：//sa.mofcom.gov.cn/article/jmxw/201811/20181102802477.shtml。

沙特阿拉伯从2014年开始出现财政赤字，2015年和2016年政府赤字均超千亿美元，虽然2017年情况有所好转，但财政赤字仍高达613亿美元，赤字占GDP的比重为8.9%。从2017年下半年开始，国际油价开始回升，沙特阿拉伯经济形势也出现好转，但受到全球经济增长乏力以及产油国产能扩张的影响，2017年下半年以来，国际油价又出现了新一轮快速滑落。油价的反复波动对沙特阿拉伯经济影响很大，当前沙特经济形势有所改善。

面对国际油价暴跌的冲击，沙特阿拉伯政府意识到过于倚重石油出口的经济结构存在很大的脆弱性，迫切需要调整经济结构，使本国经济尽快走出低迷状态。2016年，沙特阿拉伯相继发布了“2030愿景”规划和《国家转型规划2020》，希望通过促进国家收入来源多元化、鼓励私营经济的发展、积极引进外资、大力发展物流，为沙特阿拉伯打造一个繁荣、可持续现代化的经济体系。“2030愿景”规划提出，沙特阿拉伯将充分利用作为阿拉伯和伊斯兰世界中心的地位、领先的投资能力和优越的战略地理位置，通过改善经商环境，创造更加健康的就业机会，将沙特阿拉伯建设成为充满活力的社会、繁荣发展的经济和充满抱负的国家。

为了推动经济结构合理化，减少对油气产业的过度依赖，实现生产和出口的多元化，沙特阿拉伯“2030愿景”规划的核心目标是加快基础设施建设，推动工业化发展。“2030愿景”规划确定了具体的发展目标。沙特阿拉伯力争在2030年，从目前的世界第19大经济体发展至世界前15大经济体，石油和天然气产业本地化程度从40%提高到75%，公共投资基金资产从6000亿美元增加至7万亿美元，全球竞争力指数排名从目前的第25位上升到前10位，外商直接投资从占GDP的3.8%增加到5.7%的国际水平，私营部门对GDP的贡献从40%增长到65%，物流绩效指数从目前的49提高到25，并确保沙特阿拉伯在本地区的领导地位，非石油出口占非石油国内生产总值的比例从16%提高到50%。沙特阿拉伯希望建立起与本国资源禀赋相适应的产业部门和生产能力，推动工业化向纵深发展。

为了实现上述雄心勃勃的目标，“2030愿景”规划提出了一系列推动经济社会转轨的政策措施。

第一，通过与大型跨国企业和全球新型科技合作，实现投资能力的最大化，确保在某些特定领域成为市场创造者，以及保持在资产管理、融资和投资等方面的有力竞争地位。

第二，支持和培育有前景的行业，使之成为国民经济的新支柱。具体而言，在制造业领域，将致力于新能源的本地化以及工业设备制造；在旅游休闲领域，将修建世界最高水平的景点，改善访问签证签发程序，开发历史遗迹古迹；在科技领域，将投资于数字化经济并保持领先水平；在矿业领域，通过加大开采力度、设立沙特阿拉伯资源综合数据库、重新评估开采许可颁发程序、投资基础设施、开发融资渠道、建立英才中心等结构性改革的方式，以及建立国际战略合作伙伴关系，全面发挥矿业潜能，从沙特矿产资源开发中获益。

第三，在推进经济多样化的同时，沙特阿拉伯将一如既往地致力于油气行业本地化，建设一座新的能源城市，同时将天然气产量翻番，修建国家天然气输送管网，将利用石油和石化领域的全球领军地位和专业程度，投资于相关产业的发展；允许私营部门在新能源领域交易和投资，以实现新能源价值链中研发、生产制造以及其他绝大部分环节的本土化；在最具竞争力的绝佳位置建立特区；通过放宽所有权和外国投资限制，吸引当地和国际零售投资商。

第四，发展电信和 IT 基础设施，尤其是高速宽带，扩大其在城市内及周边的覆盖范围和容量，提高网络质量；与私营部门合作，开展一系列全新的国际合作，加大港口、铁路、公路和机场建设的力度，建立并完善连接国内国外的基础设施网络，以巩固沙特阿拉伯作为三大洲物流枢纽的优势地位。

（二）埃及经济发展

埃及位于非洲东北部，地理位置优越，地跨亚、非两洲，隔地中海与欧洲相望，地处欧、亚、非三大洲的交通要冲，拥有苏伊士运河战略水道，西与利比亚为邻，南与苏丹交界，东临红海，并与巴勒斯坦、以色列接壤，北临地中海，经济辐射能力较强。

1. 经济基本

埃及是非洲工业较发达的国家之一，但工业基础仍然较为薄弱，对旅游业和国外援助的依赖度高。近年来，消费和基建投资需求复苏，为经济发展提供了动力。2017 年下半年以来，埃及经济开始复苏，民众消费增加。埃及政府注重电力、道路等基础设施投资，以及新开罗城的建设，导致房屋建筑和基础设施投资需求显著上升。而且基础设施的改善也有助于推动制造业的投资。外汇市场短缺有所缓解，政府支付能力提高，企业换汇需求得到基本解决。新《投资法》等政策正在逐步落实，政策红利逐步释放，有利于吸引外商投资。在这些因素的推动下，埃及 GDP 实现持续稳定增长，2015/2016 财年 GDP（2015 年 7 月至 2016 年 6 月）为 2.71 万亿埃及镑，增长率达 4.3%；2016/2017 财年 GDP 为 3.47 万亿埃及镑，增长率为 4.2%，增速略微下降。2017 年，埃及的 GDP 为 4.0 万亿埃及镑（合 2296 亿美元），实际 GDP 增长率为 4.99%，人均 GDP 为 3.69 万埃及镑（合 2493 美元）。2018 年前三季度实际 GDP 增长率达到 5.38%。

埃及拥有相对完整的工业、农业和服务业体系。服务业约占 GDP 的 50%。工业以纺织、食品加工等轻工业为主。近二十多年的数据趋势显示，服务业和工业占比增长，农业占比持续下降。2017 年世界银行统计数据显示，服务业增加值总额占 GDP 比重为 53%，工业占比 34%。近 20 年埃及服务业占 GDP 比重均超过 40%，且近年来呈现明显的上升趋势；工业占 GDP 比重自 2014 年出现下降趋势，由 2014 年的 39.89% 减少至 2017 年的 34%；农业 GDP 占比持续下降，近十多年相较于上一个十年降低了约 4 个百分点。

埃及矿产和旅游资源丰富，能源资源和服务业是未来经济发展的主攻方向。埃及矿产资源主要包括石油、天然气、铁、磷酸盐等。2015 年，埃及在地中海发现的祖尔（Zohr）气田已经投产，有望成为地中海地区最大的天然气田。埃及尚有不少待开发的油气资源，随着勘探投资力度的加大，预计能发现更多的油气储量。埃及是文明古国，旅游资源丰富。旅游业及服务相关产业正在复苏，2017 年前 7 个月埃及旅游业收入 35 亿美元，同比增长 170%。预计随着埃及局势的进一步稳定，旅游服务业的发展将会提速。

在进出口贸易方面，埃及进口总额持续增长，出口表现疲软，贸易逆差呈现扩大趋势。自 2007 年中旬以来，埃及进出口差额出现急剧增长，进口总额由 2007 年的 271 亿美元上涨至 2017 年的 720 亿美元，但其出口额仅由 162 亿美元（2007 年）增长至 276 亿美元（2017 年）。

埃及出口商品以制成品、石油为主，2017 年这两种商品出口占比分别达到 42.7% 和 30.3%，其次是食品和棉纺品，这两种商品出口占比分别为 13.8% 和 9%。其中石油出口超过一半为原油出口。2017 年，埃及进口商品主要为燃料（20.9%）、非耐用消费品（16.7%）、石油产品（12.5%）、机械电器及配件（15%）、化学品（9.6%）、谷物（8%）。

从对外贸易区域来看，2017 年埃及的主要出口对象为欧盟和阿拉伯地区国家，出口合计占比高达 60%，其次为美国、亚洲和欧洲非欧盟国家，出口比重均接近 8%。2017 年，埃及主要进口来源为欧盟、阿拉伯国家和亚洲地区，占进口比重分别为26.9%、18.5%和18.2%。

2014年下半年以来，埃及局势逐步趋稳，投资环境得以改善。2014年外国对埃及直接投资总额约46亿美元，位居非洲国家第一。2015—2017年，埃及吸引外商直接投资的规模依次为69亿美元、81亿美元、74亿美元。

2012—2017年，埃及积累了大量债务，其中主要是国内债务。根据非洲开发银行发布的《埃及经济展望报告》，截至2017年6月底，埃及外债存量（政府债务和非政府债务）增加至790亿美元，占GDP的比例为41%，其中政府外债约347亿美元，占GDP的比例升至18%，而2016年6月底其占GDP的比例为8%。

埃及主要外汇来源是石油天然气出口收入、旅游、侨汇和苏伊士运河管理费。2018年8月末，埃及外汇储备规模444.19亿美元，创历史最高水平，比7月末增加1.04亿美元，足以覆盖埃及8个月的进口需求量，其中包括外币现汇411.93亿美元，黄金价值25.64亿美元，特别提款权6.51亿美元。

2. “2030愿景”发展规划和经济政策

为推动埃及经济发展，2016年2月，埃及总统塞西宣布“2030愿景”发展规划，强调将发展与环保、就业与提升劳动力素质相结合，以公平公正、平衡多样的方式全面推进埃及经济和社会同步发展。该规划确定了未来埃及经济发展政策的三大核心：一是维持宏观经济稳定，减少财政赤字和政府债务；

二是改善国内投资环境，大力吸引外资；三是开展大型基础设施项目建设，推动国家经济增长。该规划的愿景是：埃及政府将致力于发展以私营经济为主导的、具有竞争力的、以知识为基础的多样化市场经济，致力实现稳定的宏观经济发展环境、持续的包容性增长、最大化附加值；到 2030 年，埃及经济将在世界经济中扮演活跃角色，并在世界中等收入国家中占据一席之地。“2030 愿景”规划将 2015—2030 年埃及中长期经济指标目标设定如下：经济平均增长率达 7%；投资增长率提高至 30%；服务业占 GDP 的比重达 70%；出口增长对经济增长的贡献度达 25%；失业率降至 5%。

同时，埃及政府还制定了主要行业中长期发展规划。其中，电力行业的规划目标是：2018—2030 年电力部门将增加产能 5.17 万兆瓦，其中，太阳能热电厂、太阳能光伏电板厂、风电、水电、核电的产能分别增加 6950 兆瓦、9020 兆瓦、9350 兆瓦、68 兆瓦、4800 兆瓦，燃油和燃气电厂、燃煤电厂分别增加产能 4650 兆瓦、16800 兆瓦，总投资 1352 亿美元。油气行业的规划目标是：加大现有油气田开发，推动新的油气项目，减少油气行业财政补贴，支付外国石油公司欠款；重组埃及石油总公司，引入私有资本，成立独立的油气监管部门；对油气下游产业投资 100 亿美元，用于新建和升级已有炼油厂。

近年来，埃及政府采取了一系列措施，促进了经济的持续稳定增长，兴建了一批道路、桥梁、港口、发电厂和物流中心等基础设施项目，推进了“苏伊士运河走廊”和新行政首都建设项目。"苏伊士运河走廊"项目以运河周边的"六港两区"为依托，规划发展制造业、物流、高新电子和电力等多个产业，重点规划了32个项目，总投资约228.6亿美元，计划未来新增就业100万人。新首都建设项目于2015年3月启动。新首都位于开罗东45千米处，大开罗二环路之外，规划占地面积700平方千米，将容纳500万—700万常住人口，是埃及未来的政治中心，主要政府部门和外国使馆在建成后迁入。基础设施是埃及的重点发展领域，埃及未来还将建设一系列大型基础设施建设项目，全面推动交通网络改造升级，提升基础设施质量，以显著改善投资和贸易环境，提升埃及经济的发展潜力。

为了吸引私有资本和外资，创造国内就业机会，促进国民经济快速复苏和平稳增长，埃及政府下大力气改善国内营商环境，调整相关政策法规，为国内外投资者提供更加优惠的政策和财产保障。2017年，埃及新《投资法》获得通过。新《投资法》承诺向外国投资者提供国民待遇、优惠保障、居住权保障、利润转移保障和用工保障。按照新《投资法》的规定，埃及重新开放私人自由区申报，并在这些自由区内免征各种税收及关税；政府还将减免与新项目有关的公用事业费用等。新《投资法》还提供了一般激励、专项激励和附加激励这三种类型的激励措施，以鼓励国内外投资。

为了更好地实施新《投资法》，埃及于2017年年底通过了新《投资法》实施细则，对向投资者提供一般性或特殊投资优惠条件，项目许可获得程序，以电子方式设立公司所需程序，项目用地控制及分配形式，投资区、自由区以及经济技术区组织工作，向外国投资者提供居所，雇用外籍员工以及项目撤资等方面做出具体规定。埃及还力图将经济特区打造成对国内外资本最具吸引力的投资区域。按照新《投资法》的实施细则，埃及将苏伊士经济特区列为可享受最优惠的投资政策的 A 类区域，在苏伊士经济特区投资的项目，自经营之日起的 7 年内，可通过扣除应税项目净利润的方式，返还投资成本的 50%，同时，特区内商品及服务出口免征税款。埃及还开始逐步实施放松管制并引入 PPP 机制，以吸引更多的国内外投资。

在埃及政府的积极努力下，埃及的投资环境有了明显改善，世界银行发布的 2018 年《营商环境报告》指出，2017 年埃及是阿拉伯地区实施了最多经济改革的国家，实施的经济结构性改革数量是过去 10 年来最高的。埃及的营商环境排名较上年跃升八位，在开办企业、融资渠道、保护中小投资者权益、纳税和办理破产等五个主要领域有明显进步。根据南非兰德商业银行（Rand Merchant Bank）公布的《2018 年非洲投资指南》，埃及已经取代南非，成为非洲排名第一的投资目的地。

二 中国与沙特阿拉伯和埃及经贸合作

中国与沙特阿拉伯和埃及的资源禀赋和产业结构之间存在着明显的差异，这为中沙和中埃之间对外贸易的互通有无和产业部门的相互投资提供了巨大的空间。从 20 世纪 90 年代以来，尤其是中国加入 WTO 之后，中国与沙特阿拉伯和埃及之间的经济贸易合作发展迅速。沙特阿拉伯是全球对华出口增速最快的国家之一。中国已成为埃及的最大贸易伙伴和重要投资来源地。中沙和中埃经贸合作新模式、发展新动力正在汇聚。在沙特阿拉伯和埃及推进基础设施建设和促进产业多元化的背景下，中沙和中埃之间采用对外贸易、基础设施建设、产业投资、金融合作等多种方式开展经贸合作，有利于沙特阿拉伯和埃及充分利用中国的装备、技术、资金和管理经验加速工业化进程。国际产能合作将推动中沙和中埃经贸合作方式转型升级，使双方的经贸关系跃上新台阶。

（一）中国—沙特阿拉伯经贸合作

1. 贸易规模不断扩大

中国与沙特阿拉伯经济互补性强，为双方深化经济合作奠定了良好的基础。沙特阿拉伯已经连续十多年成为中国在中东地区最大的贸易伙伴，中国也成为沙特阿拉伯最大的进口来源国。沙特阿拉伯是中国在中东地区的最大贸易伙伴。整体上来看，在中沙双边贸易关系中，以中国进口为主。2017 年，中沙双边贸易额为 500 亿美元。2017 年，中国对沙特阿拉伯出口 182 亿美元，同比增长 34.4%，主要为机电产品、钢材、服装、家电、生活日用品等；中国从沙特阿拉伯进口 318 亿美元，同比增长 18.3%，进口商品主要为原油、石化产品等，其中进口原油 5218 万吨，同比增长 2.3%。2018 年，中沙贸易再上新台阶，双边贸易额达614亿美元，同比增长32%。中国已成为沙特阿拉伯最大的贸易伙伴，对华贸易占沙特阿拉伯同期外贸总量的17%。

2. 能源合作成为重点合作领域

沙特阿拉伯积极优化国内能源供给结构，并向外资开放能源产业的大部分领域。沙特阿拉伯丰富的油气资源禀赋与中国庞大的原油进口需求形成高度互补。中国已成为全球第二大石油消费国和最大原油进口国，2017年中国原油对外依存度已经高达67.4%。沙特阿拉伯是中国在西亚和北非地区主要的原油供应国，中国是沙特阿拉伯最重要的原油出口市场。截至2016年，沙特阿拉伯曾经连续16年是中国最大的原油供应国。2016年中国从沙特阿拉伯进口原油5100万吨，2017年中国从沙特阿拉伯进口的原油较上年又增加了118万吨。未来，中国将成为沙特阿拉伯更为重要的出口市场。近年，沙特阿拉伯计划参与中巴经济走廊建设，斥资100亿美元投资瓜达尔港的石油城项目。这也是沙特阿拉伯“2030愿景”和中国“一带一路”倡议对接的一个重要项目。

沙特阿拉伯工业基础薄弱，能源开发技术和物资装备基本依赖进口，为吸引更多资金投向能源产业，除石油开采领域外，沙特阿拉伯对其他能源领域的外资均持欢迎态度，沙特阿拉伯在产业链中下游的炼油和化工产品生产环节则积极引进外资。沙特阿拉伯最大的能源企业阿美石油公司已经与中国石化、埃克森美孚、壳牌、道达尔、陶氏化学和日本住友等建立了合资企业。沙特阿拉伯能源工业基础较为薄弱，中国石化企业具有相关的经验和技术优势，能够有效帮助沙特阿拉伯将资源优势转化为产业优势，这既符合沙特阿拉伯工业化的发展战略，也契合两国战略对接、互利发展的合作思路。中国石化首个海外炼化项目——延布炼厂项目于2016年年初正式投产启动，这是中国在中东地区最大的投资项目。自投产以来至2018年，该炼厂已累计加工原油4997万吨，生产出了高质量的石油产品，并获得了国际能源界的最高奖。中国石化先进的炼油技术和经验，为项目平稳、高效运行做出了很大的贡献。

随着沙特阿拉伯经济的发展，国内能源需求逐年增加，石油产量中用于国内销售的比例也在不断增长。为了既能满足国内日益增长的能源需求，又能将更多的石油用于出口创收和生产高附加值的石化产品，沙特阿拉伯开始积极发展光伏太阳能、风能和核能等清洁能源。近年来，沙特阿拉伯在新能源领域的国际合作需求强烈，新能源领域也成为外资企业新的竞技场。世界核能协会的信息显示，未来20—25年，沙特阿拉伯将建设16座核反应堆，彰显了沙特阿拉伯“去石油化”的决心。中国具有核电和太阳能技术优势，新能源领域成为中沙企业对接契合点。沙特阿拉伯装机容量100兆瓦的首批光伏电站项目正在面向国际招标，中国光伏企业正在积极参与招标。2016年，中国核工业建设集团与沙特阿拉伯核能与可再生能源城签署了《沙特高温气冷堆项目合作谅解备忘录》。

3. 经贸合作空间不断拓展

沙特阿拉伯是中国开展对外经贸合作的重点合作伙伴，中沙经贸关系正处在转型升级的关键时期，中国在充分尊重沙特阿拉伯发展的基础上，以深化彼此间的产能合作为推手，通过不断扩大贸易往来和投资合作，推动产业整合以及区域生产网络的建设，在“共商、共建、共享”的原则上扩展经贸关系。

沙特阿拉伯有着完善基础设施和促进产业多元化的强烈愿望，这为中沙在相关领域的合作提供了机遇。沙特阿拉伯存在着基础设施建设的巨大需求，中国企业在工程建设和运营管理方面积累了丰富的经验，掌握了先进的工程技术，拥有一大批工程建设和管理人才，能够很好地满足沙特阿拉伯乃至中东地区巨大的基建需求。沙特阿拉伯庞大的基础设施建设离不开钢铁、水泥等建筑材料的供给，而这恰好是中国工业部门的优势。改革开放以来，中国工业部门充分利用后发优势，在技术引进和技术学习过程中逐渐形成了强大的生产能力，研发能力和产业配套能力也都有了长足的进步，迅速缩短了与发达国家在制造业上的差距，在通信技术、高速铁路、新能源等领域还处在国际技术前沿，具备了向全球价值链高端进一步攀升的条件。中国完备的产业体系和雄厚的生产能力为中沙开展产能合作奠定了坚实的物质基础，而沙特阿拉伯以及中东地区的经济增长，也为在制造业领域具有一定优势的中国企业提供了市场机会。中国制造业的技术水平和产业配套能力具有相当明显的优势，能够提供更适合沙特阿拉伯的适用技术和成套设备，更能契合沙特阿拉伯积极推进工业化的现实需求。

目前，中沙经贸是以商品贸易为基础，涵盖工程承包、劳务合作和双向投资等多种合作方式，合作领域是以能源、化工为重点，涉及住房建设、港口、路桥、通信等多个行业，并在核能、太阳能等新能源领域具有较大的合作潜力。中国与沙特之间已经签署了关于加强基础设施建设领域合作的协定，中资企业在沙特阿拉伯参与了一批重大项目和重大工程的建设，业务领域覆盖基础设施建设、通信、汽车、商贸等领域，其中，由中铁建承建的麦加轻轨项目、中交集团承建的吉达防洪项目等为中国大型基建企业树立了良好口碑，华为公司更是凭借以客户为中心的质量管理模式和为沙特阿拉伯青年提供的大量 IT 领域职业技能培训，荣膺了沙特阿拉伯企业履行社会责任和竞争力领域的最高奖项——"哈立德国王责任竞争力奖"。

中国的工业制成品在沙特阿拉伯市场也较受各层次消费者的欢迎。由于沙特阿拉伯的工业体系不够完善，制造业基础较为薄弱，沙特阿拉伯居民日常消费的工业制成品大多依靠进口。中国生产的日用品因其价廉物美而深得沙特阿拉伯消费者的青睐。随着中国工业的技术进步和产业升级，中国的电子电器类产品在沙特阿拉伯市场的占有率也在不断提高。随着中国"一带一路"倡议与沙特阿拉伯"2030 愿景"实现更好的对接，双方在传统能源、基础设施建设以及新能源等领域的合作将不断拓展。

（二）中国与埃及的经贸合作

1. 贸易维持增长态势，中国已成为埃及第一大贸易伙伴

埃及热情欢迎中国的“一带一路”倡议，期望中国在推动埃及和非洲的经济发展过程中做出更大的贡献。在“一带一路”倡议和中非合作机制框架下，中埃在能源、基础设施、制造业、工业园区、农业和旅游业方面具有广阔的合作空间，不仅有助于提升中国在全球配置资源的能力，而且能为埃及的基础设施建设和经济发展提供急需的物资、资金、技术和管理的支持。

近年来，中埃双边贸易规模持续扩大。2017 年中埃双边货物贸易总额为 108.3 亿美元，2018 年增加到 138.68 亿美元，同比增长 27.63%。埃及农产品对华出口的规模持续扩大，埃及的鲜橙与葡萄大量出口到中国。2017 年，埃及向中国出口超过 8000 万美元的橙子，同比增长 208%。鲜橙已经在中国市场占据重要地位，埃及成为中国第三大鲜橙进口来源国。

2. 苏伊士经贸合作区是中埃经贸合作的示范项目

中国在推进国际产能合作的过程中，正在积极探索以中国企业运营管理的跨国经济合作区为载体、以集群式转移为特征的产能合作新模式。中埃·泰达苏伊士经贸合作区是中国政府批准的国家级境外经贸合作区，正逐步成为中埃产能合作的重要平台，以及服务“一带一路”建设和引导中国企业“走出去”的重要平台。

苏伊士经贸合作区起步区面积为 1.34 平方千米，经过近十

年的开发和建设，已全部开发完成。截至2017年年底，苏伊士经贸合作区起步区已累计投资1.05亿美元，资产价值为1.95亿美元。合作区优越的投资环境和招商政策吸引了近70家企业前来落户，其中约一半为制造型企业，初步形成了新型建材、石油装备、高低压设备、机械制造等四大主导产业集聚。苏伊士经贸合作区共吸引中方投资超过10亿美元，巨石集团、牧羊集团、西电集团等大型企业均前来投资，已实现年销售额1.8亿美元，进出口额2.9亿美元，上缴埃及政府税收7.8亿埃及镑，为当地居民创造了超过3000个就业机会。

目前，苏伊士经贸合作区扩展区一期市政基础设施已经竣工，招商工作正在稳步推进。扩展区计划总投资2.3亿美元，预计将吸引150—180家企业入园，这些企业的总投资额将高达20亿美元，全部建成投产后预计实现销售额将达到80亿—100亿美元，并提供约4万个就业机会。

苏伊士经贸合作区是埃及参与“一带一路”建设的重要依托，将吸引越来越多的中国企业在区内投资实业，将有利于带动中国具有行业竞争优势的龙头企业及相关配套企业集体“走出去”，形成专业化的产业集群，开拓埃及市场乃至西亚北非市场，使其成为深化国际产能合作的新平台。苏伊士经贸合作区已成为海外明星工业园区，在中国企业的投资带动下，它在为埃及带来较大经济效益的同时，也将促进埃及的工业生产能力和产业技术水平的提升。苏伊士经贸合作区有望成为北非地区物流和相关增值服务的枢纽。

3. 中埃国际产能合作取得显著成效

埃及地理区位得天独厚、投资环境相对稳定、经济发展势头良好、市场规模扩张较快，是中国推进国际产能合作的重要合作伙伴。改革开放以来，中国工业部门的竞争力产生了巨大的飞跃，不仅在劳动密集型产业中形成了较强的竞争优势，在高铁、通信、电力设备等资金和技术密集型产业中也涌现了一批具有国际竞争力的大型企业，具备了与发展中国家开展国际产能合作的资金、技术和管理优势。中国在推进中埃产能合作过程中，根据埃及的产业发展水平和市场需求状况，将铁路、电力、通信、汽车等作为重点行业，鼓励具有竞争力的中国骨干企业进入埃及，通过扩大装备出口、承接工程建设、设立生产基地、并购境外企业、联合技术研发等方式，国际产能合作取得了明显的效果。

中国与埃及已经建立了双边产能合作机制，共同组织政策对话和项目对接，双方确定了优先项目清单。目前中国的投资和工程承包主要集中于石油、制造业、基础设施等领域，正逐步向旅游业和农业领域拓展。在中东、北非国家中，目前埃及与中国的基础设施领域合作金额和数量均居首位。2017 年，中国对埃及投资已超过 50 亿美元，涉及油田开发、玻璃纤维、机械、电器、饲料、物流、港口等众多领域，中国已成为埃及第六大投资来源国。中方通过收购兼并的方式，在埃及油气领域进行了较多的投资，主要油气投资项目有：2013 年中石化国勘公司以 29 亿美元收购阿帕奇集团埃及油气业务 33% 的权益；振华石油以 7 亿美元收购 Vegas 公司 100% 的股权及其埃及三个油气区块的合同者权益等。

中埃双方在重大基础设施合作项目中已经收获了丰硕成果，埃及国家电网 500 千伏输电线路工程项目顺利执行，签署了埃及第一条电气化铁路——“斋月十日城”市郊轻轨项目合同，将建设连接开罗市区、斋月十日城和新行政首都的轻轨线，总金额 30 亿美元的新首都商务区工程项目也已签约。2017 年，两家中国新能源企业签署了在埃及建设光伏太阳能电站的项目合同，其中特变电工新能源公司还计划投资项目金额的 20%。

中埃产能合作推动了一批拥有自主品牌、自有核心技术、自主创新能力的中国企业，在更高层次上参与国际产业分工和市场竞争，充分利用当地资源丰富、能够快速响应市场的优势，既增强了中国企业的竞争力，又满足了埃及提升工业化水平的愿望，不仅进一步扩大了中国与埃及之间的贸易和投资规模，也有利于中国促进国内制造业的转型升级。

4. 两国金融合作有序推进

埃及的基础设施建设和工业部门发展都需要巨大的资金投入，但由于埃及的金融体系不够完善、国内资金动员能力有限，脆弱的金融结构使得埃及经济容易受到外部冲击而引发较大波动，完全依靠埃及的金融部门无法满足基础设施建设和工业化的中长期融资需求。埃及传统上与美欧、沙特阿拉伯、俄罗斯等国维持着密切的政经关系，主要从这些国家获得开发援助和资金支持。随着“一带一路”建设的不断推进，中埃之间的金融合作日益紧密，中国金融机构的融资支持正在为中埃产能合作提供强有力的资金保障。

近年来，国家开发银行等中国金融机构灵活运用银团贷款、出口信贷、项目融资等多种方式，不断加大对埃及基础设施建设和中埃产能合作的融资支持力度。金融合作正在成为推动中埃经贸合作加速的新引擎。人民币国际化在埃及起步。2016 年 12 月，两国央行签署规模为 180 亿元人民币的双边货币互换协议。当前，国家开放银行与埃及中央银行、埃及阿拉伯国际银行洽谈人民币专项贷款项目，并与阿拉伯国际银行签署首个对埃人民币专项贷款合同。

中国的贷款对于埃及的经济建设无疑具有积极的作用。中国的政策性贷款主要流向基础设施建设和工业生产等领域。除政策性银行以外，中国工商银行等商业银行对埃及提供的信贷也在增加。国家开发银行、国家进出口银行、中国工商银行、中信保公司累计为埃及提供融资额度已经超过 50 亿美元。埃及也成为第一个得到亚洲基础设施投资银行融资支持的阿拉伯国家和非洲国家。中埃之间深化金融合作，利用中国雄厚的资金优势推进国际产能合作，有利于扩大埃及基础设施建设和生产项目融资的资金来源，进而为经济的可持续增长提供有力的金融支撑。

5. 文化交流促进民心相通

中国和埃及都具有悠久的文化历史。在中埃双方的共同推动下，越来越多的中国游客前往埃及旅游，感受古埃及文化以及当地的风土人情。埃及是中国游客到访最多的非洲国家。据统计，2017 年中国赴埃及游客数量已超过 30 万人次，较上年增长了一倍多。中国游客平均在埃及停留 10—13 天，人均消费 1460—2190 美元。中埃文化交流的深入，对于增进两国间的相互了解、深化双边关系具有十分重要的意义。

三　中国深化与沙特阿拉伯、埃及经贸合作的方向

沙特阿拉伯和埃及是中国在中东和北非的重要战略合作伙伴，在“一带一路”建设中发挥着引领和示范作用。沙特阿拉伯、埃及与中国资源禀赋和经济结构的互补性强。当前，沙特阿拉伯和埃及正在积极完善基础设施，提升工业化水平，而中国在大型工程施工领域具有很强的国际竞争力，在制造业尤其是装备制造业领域也拥有强大的生产能力。中沙和中埃经贸合作既能够满足中国与沙特阿拉伯、埃及发展经济的现实需求，也为中国产业结构转型升级开拓了市场空间，有助于进一步提升中沙和中埃经贸合作的广度和深度。

结合新形势下中国与沙特阿拉伯、埃及加快发展的共同愿望以及中沙和中埃经济贸易合作的发展趋势，在下一阶段深化中沙和中埃的经贸合作中，要抓住中沙和中埃发展战略高度契合的历史机遇，以能源合作和基础设施建设为抓手，坚持政府指导、企业主体、市场运作、合作共赢的原则，积极对接中沙

和中埃各自发展战略和重点合作领域，综合运用对外贸易、基础设施建设、产业投资、金融合作等多种方式，提升贸易质量，加强基础设施合作，提高一体化水平，扩大双边投资，提升产业能力，着力构建全方位、多层次、宽领域的双边经贸合作格局，不断充实中沙和中埃全面战略伙伴关系的内涵，推动中沙和中埃经贸合作迈向起点更高、内涵更广、合作更深的新阶段。

中国是能源消费大国和进口大国，而沙特阿拉伯、埃及的能源资源丰富，中国与沙特阿拉伯、埃及应继续以能源合作为重点，不断深化经贸合作。在油气领域的合作，不仅可充分发挥中国在油气中下游产业的技术优势和市场优势，为中资企业更多参与油气上游环节工作提供机会，有助于保障中国的能源供应安全，也有助于沙特阿拉伯和埃及油气资源的勘探开发，拓展油气下游环节和市场，提升其能源需求安全。新能源领域，中国与两国可再生能源发展需求互补，将有望推进中国与两国在新能源领域的深入合作。

良好的基础设施是支撑一个经济体迅速发展不可或缺的硬件条件。推进基础设施建设对沙特阿拉伯和埃及的影响尤为深远。从短期来看，基建规模的扩大能够增加两国的投资需求，并推动与相邻国家实现跨境基础设施的互联互通，进而带动本地区的经济增长。从长期来看，基础设施水平的提升能够显著改善投资和贸易环境，极大地提升两国经济的发展潜力。中国在基础设施建设领域取得的巨大成就举世瞩目。在大力发展基础设施的过程中，中国在铁路、公路、通信、电力等基建领域也积累了丰富的工程建设和运营管理经验，掌握了先进的技术，培养了一大批工程建设和项目维护运营管理方面的人才。因此，沙特阿拉伯和埃及的基础设施建设领域巨大的市场需求为中沙和中埃国际产能合作向纵深发展提供了广阔的空间。

基础设施建设是沙特阿拉伯和埃及的重点发展领域，两国对基础设施建设高度重视，都将公路、铁路、港口、电力和通信等基础设施建设列为优先发展领域，未来都将建设一系列大型基础设施建设项目，全面推动交通、电力等基础网络改造升级，提升基础设施质量，显著改善投资和贸易环境，极大地提升两国经济的发展潜力。支持中国企业参与沙特和埃及的基础设施建设，不仅有利于提升其在两国工程承包市场的份额，也有利于通过基础设施项目互联互通的特点和承建优质项目的示范作用，未来进一步拓展中东和北非市场。

中国与沙特阿拉伯和埃及经济结构的互补性很强，近年来中国与两国之间的经贸关系发展非常迅速。2000 年中国与沙特阿拉伯和埃及之间的贸易额分别为 31 亿美元和 9 亿美元，2018 年双边贸易总额则分别达到了 633 亿美元和 138 亿美元，中国已成为沙特阿拉伯和埃及最大的贸易伙伴。贸易结构在很大程度上能够反映出彼此间产业结构的差异。中国的工业体系较为完善，能够生产从劳动密集型到资本和技术密集型等层次不同、功能各异的工业制成品，在稳定和扩大贸易规模的基础上，探寻合作共赢的新渠道，开启扩大经贸关系的新动力，推进中沙和中埃经贸合作转型升级。

贸易规模的持续扩张必然带动投资的增长，以国际产能合作为载体的直接投资将成为驱动中沙和中埃经贸合作的新引擎。

在全球产业结构调整的过程中，沙特阿拉伯和埃及充分利用自身的资源禀赋，通过积极承接国际产业转移，大力推动工业化进程，努力使本国的制造业增加值实现大幅攀升。2018 年，沙特阿拉伯将新能源、农业水产、医疗卫生、运输物流、信息通信技术、文娱体育、数字媒体、旅游、朝觐九个产业确定为吸引外国直接投资的重点产业。埃及政府制定的 2015—2030 年长期经济发展规划也将电力、石油天然气、交通运输、制造业、旅游业、农业和房地产业列为重点发展行业。沙特阿拉伯和埃及积极承接经济全球化带来的产业转移，希望通过引进与本国资源禀赋相适应的产业部门和生产能力，形成新的经济增长点，推动工业化向纵深发展。这为中沙和中埃之间以投资为纽带深化经贸合作提供了机遇。

进入 21 世纪以来，中沙和中埃双向直接投资都有了明显的增长，尤其是中国对沙特阿拉伯和埃及的直接投资更是有了明显增长。中沙和中埃之间以直接投资为载体开展国际产能合作，不仅有助于沙特阿拉伯和埃及从中国获得产品、资金、技术和管理经验，实现工业部门快速成长，也有利于推动中国的装备、技术、标准和服务“走出去”，促进中国产业结构的转型升级。改革开放以来，中国在引进外国直接投资方面成绩斐然。近年来对外直接投资开始加速，这也为中国企业“走出去”开展海外投资提供了雄厚的财力支持。目前中国已经成为世界重要的对外投资大国，对外直接投资流量已连续多年位居世界第三，2017 年对外直接投资存量已经跃居世界第二。沙特阿拉伯和埃及是中国对外直接投资的重要区域。根据商务部、国家统计局、国家外汇管理局三部委联合发布的历年《中国对外直接投资统计公报》显示，近年来中国对沙特阿拉伯、埃及直接投资的流量和存量都呈现迅速增长的局面。随着直接投资的不断增加，中国对沙特阿拉伯和埃及的直接投资存量规模增长也非常迅速。2010 年中国在沙特阿拉伯、埃及的投资存量仅为 10. 97 亿美元，2017 年已增加到 28. 73 亿美元。随着中沙和中埃国际产能合作步伐的加快，中国对沙特和埃及的直接投资仍然具有很大的上升空间。

对于沙特阿拉伯和埃及确定的重点发展行业而言，中国在其中大部分产业领域有着较强的竞争力，有能力积极对接两国的产业发展规划和外资政策。在光伏太阳能和风能发电等新能源领域，中国可将产品出口、工程建设和直接投资有机结合起来，提供从产品和服务全产业链的解决方案；在农业水产领域，中国可以利用技术优势，在粮食仓储与运输、农产品和水产品的深加工等领域开展合作，帮助沙特阿拉伯和埃及提高粮食自给率；在医疗卫生领域，可发挥技术和成本优势，开展成像设备、手术设备、医院日常耗材等医用设备和医疗产品的制造，以及抗生素、降糖药、疫苗、无菌注射液等药品的生产；鼓励中国企业在承揽基础设施工程项目的同时，加大对相关行业的投资，以投资为抓手拉动经贸合作；在车辆制造和轨道组件制造领域也有很大的贸易和投资合作空间；在信息技术领域，中国企业应积极参与沙特阿拉伯和埃及的宽带网络项目、移动通信网络建设、电子商务及物流系统建设；在文娱体育和数字媒体、旅游领域，中国企业也可发挥在技术设施建设、项目运营与管理、从业人员培训等方面的优势。

金融合作是中沙和中埃经贸合作的重要领域，金融服务将成为提升双边贸易和投资水平的助推器。要用好现有的多边和双边金融合作机制，并吸引国际金融机构和私营金融机构更多地参与中沙和中埃国际产能合作，尤其是基础设施建设项目的融资。总之，“一带一路”倡议，构建人类命运共同体，为中沙、中埃发挥传统友谊，深入推进双边务实合作，提供了新的发展契机。

“一带一路”：推动构建人类命运共同体的有效实践平台

——俄白乌“一带一路”建设与构建人类命运共同体研究

李瑞琴*

俄白乌三国近年“一带一路”建设取得了长足发展，为中国“一带一路”倡议实践、推动构建人类命运共同体做出了重要贡献，取得突破性成绩，成为稳定全球经济发展的“压舱石”。

* 李瑞琴，中国社会科学院马克思主义研究院国外马克思主义研究部副主任、研究员。

一　俄白乌三国“一带一路”建设成就显著

俄罗斯、白俄罗斯、乌克兰三国是“一带一路”倡议的重要参与方。

（一）俄白乌三国参与共建“一带一路”具有良好基础和重要意义

中国奉行独立自主的和平外交，坚持和平共处五项原则。俄、白、乌三国都是中国“伙伴关系”级别的友好国家。

中俄之间是“全面战略协作伙伴关系”。1996年，中俄建立了战略协作伙伴关系。“战略协作”是指双方在国际事务上协调立场、互相支持，是中国对外所有伙伴关系中的最高层级。2011年，中俄两国一致同意在伙伴关系限定词前加冠“全面”二字，以示合作领域多样。2017年7月，中俄双方秉持2001年7月16日签署的《中华人民共和国和俄罗斯联邦睦邻友好合作条约》宗旨和原则，中国国家主席习近平和俄罗斯总统普京在莫斯科签署了《中华人民共和国和俄罗斯联邦关于进一步深化全面战略协作伙伴关系的联合声明》（以下简称《声明》）。《声明》认为，中俄关系已超越双边范畴，成为维护国际战略平衡与世界和平稳定的重要因素。在新的历史条件下，双方将致力于进一步发展和巩固平等信任、相互支持、共同繁荣、世代友好的中俄全面战略协作伙伴关系，推动深化政治互信、务实合作、安全合作、人文交流、国际协作。[1] 2018年6月8日，两国再次发表《中华人民共和国和俄罗斯联邦联合声明》（以下简称《声明》），《声明》强调，通过共同实施2018年5月17日在阿斯塔纳签署的《中华人民共和国与欧亚经济联盟经贸合作协定》等，继续推进"一带一路"建设和欧亚经济联盟对接；将在开放、透明和考虑彼此利益的基础上，探讨构建"欧亚伙伴关系"，促进地区一体化进程。[2] 中国与俄罗斯在"一带一路"倡议框架下的国际经贸合作，对于维护世界和平，促进共同发展，对于推动构建人类命运共同体，有着十分重大的作用和意义。

中白之间建立了"全面战略伙伴关系"。2013年7月，中白建立全面战略伙伴关系开创了两国关系发展新时代。2015年5月10日，双方签订《中华人民共和国和白俄罗斯共和国友好合作条约》。2016年9月，白俄罗斯总统亚历山大·卢卡申科对中国进行国事访问，双方决定建立相互信任、合作共赢的全面战略伙伴关系，并发表声明。声明特别强调："双方愿共同积极推进'一带一路'建设，加强'一带一路'倡议与白俄罗斯发展战略对接，深化双方基础设施、运输物流、信息通信等领域务实合作，共同保障有关项目安全顺利推进，进一步提升两国

① 《中俄关于进一步深化全面战略协作伙伴关系的联合声明》，2017年7月5日，新华社，http://www.chinanews.com/gn/2017/07-05/8269111.shtml。

② 《中华人民共和国和俄罗斯联邦联合声明》，2018年6月9日，新华网，https://www.yidaiyilu.gov.cn/zchj/sbwj/57481.htm。

互利合作水平。”[①] 白俄罗斯是中国共建“一带一路”的重要合作伙伴，中白全面战略伙伴关系健康稳定发展，处于历史最好时期。

中乌之间建立了“战略伙伴关系”。2011 年 6 月，应时任乌克兰总统亚努科维奇邀请，中国国家主席胡锦涛对乌克兰进行国事访问。两国元首全面回顾了中乌建交 19 年来双边关系的发展历程，一致认为，中乌关系已进入全面发展的新阶段，决定建立和发展战略伙伴关系。两国元首签署《中乌关于建立和发展战略伙伴关系的联合声明》。[②] 2013 年 12 月，时任乌克兰总统亚努科维奇应邀对中国进行国事访问。两国元首高度评价中乌关系发展成果，指出建立和发展战略伙伴关系是正确的历史选择。双方根据双边关系最新发展及国际和地区形势的深刻变化，基于进一步深化中乌战略伙伴关系的共同愿望，决定全面推进两国政治、经贸和其他领域交流与合作，发表《中华人民共和国和乌克兰关于进一步深化战略伙伴关系的联合声明》。[③]

由上可见，俄、白、乌三国与中国建立了不同层次的“伙伴关系”，在共建“一带一路”、推动构建人类命运共同体的实践中，也是重量级的伙伴国家。

---

① 《中国与白俄罗斯建立全面战略伙伴关系》，2016 年 9 月 30 日，新华网，https：//news. china. com/domesticgd/10000159/20160930/23681412_all. html#page_2。

② 《中国和乌克兰建立战略伙伴关系》，2011 年 6 月 20 日，中国新闻网，http：//news. sohu. com/20110620/n310910247. shtml。

③ 《中国和乌克兰关于进一步深化战略伙伴关系的联合声明》，2013 年 12 月 5 日，中央政府门户网站，www. gov. cn。

（二）三国参与“一带一路”建设取得重要成果

1. 俄罗斯

2015 年 5 月 8 日，中俄两国元首签署《关于丝绸之路经济带建设和欧亚经济联盟建设对接合作的联合声明》（以下简称《联合声明》），开启“一带一路”与欧亚经济联盟对接进程。根据《联合声明》，俄方支持丝绸之路经济带建设，愿与中方密切合作，推动落实该倡议。中方支持俄方积极推进欧亚经济联盟框架内一体化进程，并将启动与欧亚经济联盟经贸合作方面的协议谈判。① “一带一路”与欧亚经济联盟的对接，使中俄“一带一路”建设进入实质性进展阶段。中俄两国关系不断深入，经贸、投资、科技等领域务实合作快速发展，能源管网等基础设施、互联互通建设收获一批重大成果。

2018 年是中俄全面战略协作伙伴关系继续保持高水平运行的一年。在世界经济复苏乏力、贸易保护主义和逆全球化趋势抬头的背景下，中俄务实合作取得了丰硕成果。根据中国海关总署统计，2018 年中俄双边贸易额达到创纪录的 1070.6 亿美元，同比增长 27.1%，增速在中国前十大贸易伙伴中位列第一，中国继续保持俄罗斯第一大贸易伙伴国地位。

2019 年 1 月中旬，俄外长拉夫罗夫在“总结 2018 年俄罗斯

---

① 《俄罗斯：欧亚经济联盟》，2016 年 9 月 29 日，中国“一带一路”网，https：//www. yidaiyilu. gov. cn/zchj/gjjj/1062. htm。

外交工作”时表示，2018年俄中贸易额超过1000亿美元，取得了“创纪录”的历史性成就。拉夫罗夫说，俄中经贸合作远未达到极限，两国还有许多雄心勃勃的经贸发展规划。首先，两国已决定支持落实70个重点经贸合作项目，涉及能源、农业、交通、航空航天等多个领域。其次，两国航天部门正在协调俄罗斯的格洛纳斯系统与中国北斗系统的导航服务。再次，俄中未来还将继续深化欧亚经济联盟与“一带一路”倡议的合作对接，密切在国际问题上的立场协调，加强在金砖、上合等地区和国际组织框架内的合作。

俄总统保护企业家权益全权代表兼中俄友好、和平与发展委员会俄方主席季托夫表示，在俄中两国元首的战略引领下，2018年俄中务实合作进展顺利，交出了满意的答卷，双方通过圣彼得堡国际经济论坛、俄中博览会、东方经济论坛、中国国际进口博览会等多个重要平台建立起了更加紧密的联系与合作。季托夫坚信，通过包括俄中实业家理事会在内的各方努力，俄中两国领导人提出的将双边贸易额提至2000亿美元的任务一定能够早日实现。

此外，俄中两国能源合作也稳步推进。莫斯科—喀山高铁建设项目的准备工作已进入最后阶段。2018年7月，亚马尔液化天然气首船天然气到达江苏如东液化天然气接收站，未来北极气在冬供中的分量将进一步加大。2019年12月，俄罗斯东线“西伯利亚力量”将开始输气。不久的将来俄罗斯即可成为中国主要天然气供应国，出口规模可达每年 800 亿立方米。[①]

在“一带一路”倡议“五通”建设的推动下，中俄民众积极乐观看待两国关系发展现状与未来。俄罗斯卫星通讯社 2018 年 12 月 17 日发布的《2018 中俄关系民意调查报告》结果显示，中俄全面战略协作伙伴关系的持续高水平发展具有扎实稳固的民间基础，两国民众对中俄关系的现状表达了绝对的支持，并对未来双边关系的走向表示了积极乐观的看法。调查在北京、上海、广州、深圳、莫斯科、圣彼得堡、叶卡捷琳堡、符拉迪沃斯托克和新西伯利亚共 9 个城市进行。根据调查结果，中俄两国民众对彼此国家形象的评价整体较高且相互认可。在中国民众眼中，俄罗斯是一个“有领导力”“具有魅力”“不断发展”的国家；而在俄罗斯民众眼中，中国是一个“不断发展”“有领导力”“有创造力”的国家。两国民众对彼此都给予了较高评价。在中国民众眼中，“身体强健、英勇、自信、守诚信、见义勇为”是俄罗斯人民的主要特征；在俄罗斯民众眼中，“勤劳、自信、爱好和平、易满足、幸福、身体强健”是中国人民的主要特征。

两国民众对中俄全面战略协作伙伴关系现状都给予了较高的评价。认为中俄双边关系“很好”或“良好”的两国受访者比例高达 87%。72% 的两国受访者看好“中俄命运共同体”的发展前景，认为“中俄命运共同体”符合各方利益。

---

① 韩显阳：《中俄经贸关系将迎来新发展》，《光明日报》2019 年 2 月 19 日。

中俄两国民众普遍看好对方国家的经济发展前景。84.9%的俄罗斯受访者对于中国的经济前景感到“乐观”，而对俄罗斯经济前景感到“乐观”的中国受访者比例也达到了81%。“中国制造”已经逐步融入俄罗斯民众的普通生活当中。79.1%的俄罗斯受访者经常使用中国制造的产品。

中俄两国民间交流还存在明显的不对称现象，两国民众相互接纳呈现出差序格局，中俄两国民众对国际关系深度调整所带来的不确定因素的担忧有所增加。①

《俄罗斯报》发表题为《走向东方》的文章称，2019年2月举办的俄自由经济协会协调俱乐部第19次会议上，与会专家高度评价中俄“一带一路”建设。与会者认为，“一带一路”对俄罗斯意味着新前景、新机会和一系列经济特惠，是俄罗斯借鉴中国经验实现基础设施升级的良机。自由经济协会会长谢尔盖·博德鲁诺夫表示：“参与‘一带一路’将助俄罗斯打通通往欧亚地区的物流运输动脉，为俄重要经济部门打开正在发展的未来销售市场。此外，参与该计划有助于巩固与邻国的互利经济关系。”俄罗斯科学院远东研究所副所长谢尔盖·乌亚纳耶夫认为：“在‘一带一路’框架内发展交通线将帮助西伯利亚、远东和俄罗斯其他地区崛起，特别是伏尔加河中下游流域。我们还将作为过境直运国获益，因为建设亚欧大陆桥是该计划的

① 《民调：中俄民众积极乐观看待两国关系发展现状与未来》，2018年12月18日，http://sputniknews.cn/society/201812181027138877/。

重要组成部分。这不仅将增加过境运输收入，还将为周边地区的发展提供动力。”①

实践以其丰厚的硕果已经证明，走向东方的俄罗斯，将在“一带一路”建设中，不断收获前景、新机会和一系列经济特惠。未来，值得期待。

2. 白俄罗斯

2016 年 9 月 29 日，中国国家发展改革委主任徐绍史与白俄罗斯经济部部长季诺夫斯基分别代表两国政府签署了《中华人民共和国政府与白俄罗斯政府共同推进“一带一路”建设的措施清单》。该措施清单涵盖交通物流、贸易投资、金融、能源、信息通信、人文等领域相关措施或项目，成为推动中白在“一带一路”框架下开展务实合作的第一份路线图，也是指导两国务实合作的重要框架性文件。② 在两国高层领导的推动下，白俄罗斯“一带一路”建设取得重大发展。

位于白俄罗斯明斯克州的中白“巨石”工业园是“丝绸之路经济带”的标志性项目。此项目是在中白两国领导人的亲切关怀、亲自指导下发展起来的。2014 年园区一期基础设施工程启动建设，2015 年 5 月 12 日，习近平主席与卢卡申科总统共同莅临工业园现场视察并做出重要指示，中白工业园建设开发迈

---

① 《俄专家：俄罗斯将从“一带一路”建设中获益》，2019 年 2 月 18 日，中俄头条，http：//m. focus. sinorusfocus. com/p/9309. html。

② 《我国与白俄罗斯签署共同推进“一带一路”建设的措施清单》，2016 年 9 月 30 日，http：//money. 163. com/16/0930/10/C273P00J002580S6. html。

入新的时代，建设和招商工作稳步推进。2016 年中白工业园一期起步区建设按计划推进，在全世界广泛开展招商引资。[①] 2017 年 7 月，白俄罗斯公布了新版总统令，规定给予入驻中白工业园的企业更多优惠政策，为企业入园提供更多便利，并扩大招商引资范围。中白工业园区快速发展，仅一年时间，来自中国、美国以及欧洲地区近 40 家企业入驻。这个数字还在不断刷新。

2019 年 1 月 8 日，白俄罗斯经济部通过其网站发布消息，根据 2018 年 12 月签发的白俄罗斯总统令，中国与白俄罗斯重要合作项目——中白工业园成为白俄罗斯境内首个特殊经济区。获得特殊经济区地位的中白工业园将在《欧亚经济联盟海关法》框架内享受到报关、清关、物流、生产等领域的手续简化和税费降低等优惠。此外，中白工业园内企业还可按照治外法权原则与特殊经济区内、外公司建立关系和组织生产流程。特殊经济区与白俄罗斯境内和欧亚经济联盟其他优惠模式相比，更加具有吸引力。[②] 白俄罗斯是欧亚经济联盟国家，根据《欧亚经济联盟海关法》规定，白俄罗斯境内最多可设立两个特殊经济区。白俄罗斯总统首先发布命令，给予中白工业园区以优先地位。充分说明了“一带一路”建设之中的中白工业园区，在白俄罗斯国家经济发展中的地位及前景。中白工业园区也以其快速发

---

① 《任飞：“一带一路”战略下中国与白俄罗斯的经贸合作关系》，2017 年 5 月 22 日，http：//www. bjmj. gov. cn/bjmj/_2997/_3025/444874/index. html。

② 《中白工业园成白俄罗斯境内首个特殊经济区》，2019 年 1 月 9 日，中国新闻网，https：//www. yidaiyilu. gov. cn/xwzx/hwxw/76812. htm。

展的事实，呈现出中白两国期待的景象：欧洲复兴开发银行于2018年年底发布的一份报告显示，中白工业园已成为促进白俄罗斯发展和地区经济一体化的重要因素。①

中白工业园管委会主任亚罗申科表示，2018年园区各项工作取得了较好的成绩，入园企业、居民数量增加，涉及的行业也在增多，不少产品已在园区内投入生产，中国援助的住宅楼和科技成果转化合作中心项目也相继动工。截至2019年1月，园区已吸引来自中国、白俄罗斯、俄罗斯、美国、德国、奥地利、立陶宛和以色列等国42家企业入驻，入园企业合同投资总额已经达到11亿美元，其中，中国企业投资6.3亿美元。

卢卡申科总统曾对中白工业园产业定位做过这样的表述：“昨天的产业不要，今天的产业也不要，明天、后天的产业是这里需要的。”卢卡申科总统的表述体现了其对中白工业园未来前瞻性、恒久性、引领性的思考，体现了中白工业园在白俄罗斯经济发展和中白“一带一路”建设中不可替代的位置和作用。中白工业园开发公司首席执行官胡政说，工业园重点发展电子信息、生物医药、精细化工、高端制造、仓储物流等主导产业。这些产业均为21世纪世界经济发展潮流的新型产业，说明从建园的起步之始，就站在了一个发展的制高点上。“栽下梧桐树，引来金凤凰。”这样的发展定位也吸引了越来越多的新兴产业企

① 《中白工业园成白俄罗斯境内首个特殊经济区》，2019年1月9日，中国新闻网，https：//www.yidaiyilu.gov.cn/xwzx/hwxw/76812.htm。

业入驻。2018 年 12 月底，云智科技有限公司和中白航天高新技术产业研发中心有限公司正式签约入园。亚罗申科充满期待地表示，云智科技和中白航天都是中国的高科技企业，希望其能在园区快速发展，并取得辉煌成绩。

2018 年，中白工业园向当地纳税 1676.15 万美元，有 5101 名白俄罗斯人在中白工业园找到了工作，当地建设企业分包工程合同额 9338.91 万美元，白方人员接受中方经营管理培训超过 300 人次。这一年里，中白工业园严格控制开发成本，加快建设速度，起步区建设实际投资仅为预算金额的 52.27%，为白俄罗斯政府减少财政支出 1.05 亿美元。①

中白共同推进的“一带一路”建设，将不断造福两国人民，不断推动国家和地区的快速发展。中白工业园这颗“一带一路”上的明珠，光彩夺目，熠熠生辉，使快速成长中的中白工业园吸引力日益增强，国际影响力不断提升。可以预期，这颗璀璨明珠，正在加速迈向基础设施完备、产业协调发展、绿色生态宜居、技术水平先进的国际化产业新城，并将成为中白人民友好合作、共谋发展，共同打造人类命运共同体的有力见证。

3. 乌克兰

乌克兰与白俄罗斯都是最早响应“一带一路”倡议的国家之一。乌克兰政界、学界、民间都对中国“一带一路”倡议表

① 《廉丹：中白共建国际化产业新城，中白工业园月均一家新企业投入运营》，2019 年 1 月 22 日，中国经济网，https://www.yidaiyilu.gov.cn/xwzx/hwxw/78028.htm。

示了极大的兴趣。学界曾经多次召开相关研讨会，阐述加入中国“一带一路”建设的重要性、紧迫性和广阔前景。

2015 年中乌双方签署了“一带一路”框架下的合作协议，并决定计划制定、完善有关路线图。随着政局逐步稳定，将发展经济作为乌克兰的重要任务。期待两国共建“丝绸之路经济带”为中乌经贸合作提供新的机遇。

2017 年 10 月，时任乌克兰主管经济问题的第一副总理库比夫在基辅举行的“丝绸之路”贸易和金融高管论坛上表示，参与中国倡议的“一带一路”建设对乌克兰是一个重大机遇，有利于发挥乌克兰贸易与运输潜力。乌克兰地处欧亚接合部，拥有得天独厚的地理优势，多条运输走廊可为运往欧、亚、非三大洲的货物提供中转服务。为利用这一优势，乌克兰计划实施一系列基础设施项目，包括建设港口、粮仓、冷库等。库比夫认为，基础设施的发展将带动工业增长，这将有助于乌克兰从原料型经济向创新投资型经济转变。他还强调，参与“一带一路”建设将加强乌克兰同其他国家的贸易联系。①

乌克兰丝绸之路论坛每年举行一届，首届论坛于 2016 年 11 月在乌克兰首都基辅举行。第三届乌克兰丝绸之路论坛 2018 年 11 月 16 日在基辅举行。乌总统派驻最高拉达（议会）的代表伊琳娜·卢岑科在开幕式上说，乌克兰愿全面加强同中方在各

---

① 钟忠、陈俊锋：《乌克兰副总理：“一带一路”是乌克兰的重大机遇》，2017 年 10 月 6 日，新华社，https：//www. yidaiyilu. gov. cn/ghsl/hwksl/29785. htm。

领域的合作。乌克兰丝绸之路联盟的主席伊琳娜·尼科拉克在接受新华社记者采访时说："乌克兰将尽一切努力吸引中国投资，以便落实一系列大型基础设施建设和新能源建设项目，发掘乌农业生产领域潜力，联手打造生产高附加值产品的能力，并把优质产品销往欧洲和中国市场。"在本届论坛上，有关机构和公司签订了数个合作文件，包括在基辅州兴建垃圾处理厂的备忘录，以及关于建立中乌两国电子商务合作平台的备忘录等。①

2018 年 7 月，乌克兰"一带一路"贸易投资促进中心在基辅乌克兰工商会大楼内正式揭牌。乌克兰工商会主席奇日科夫和应邀访乌的中国国际贸易促进委员会会长姜增伟共同为该中心揭牌剪彩。奇日科夫在仪式上指出，成立"一带一路"贸易投资促进中心，旨在为乌克兰企业家开拓中国及"一带一路"沿线其他国家市场提供信息咨询服务，为开展跨国合作牵线搭桥。姜增伟指出，今天的揭牌仪式标志着中乌双方推动经贸合作的机制化联系得到加强。中国国际贸易促进委员会愿意继续与乌工商会一道，在"一带一路"框架下丰富合作内容，拓宽合作领域。②

一系列围绕"一带一路"建设的高级别的研讨和论坛，并

① 陈俊锋、钟忠：《第三届乌克兰丝绸之路论坛在基辅举行》，2018 年 11 月 18 日，新华社，https：//www. yidaiyilu. gov. cn/xwzx/hwxw/71937. htm。

② 谭武军：《乌克兰成立"一带一路"贸易投资促进中心》，《人民日报》2018 年 7 月 6 日。

不只是为体现研讨的学术性。其中更包含着的是，期待在未来切实的步伐中，迎来国家发展的历史性机遇。乌克兰各界看到了这样的前景，随着“一带一路”建设不断深入和中国着眼于推动新一轮高水平对外开放，中乌经贸合作迎来新机遇。两国工商界都期待深化在农业、基础设施、能源等领域的合作交流，实现互利共赢。

2017 年 4 月，乌克兰南方港疏浚项目通过乌克兰政府投标平台向全球招标。在欧洲四大疏浚公司参与竞标的情况下，中国交通建设股份有限公司旗下的中国港湾工程有限责任公司，凭借技术和价格优势击败对手，成为项目的总承包商，并由同属中国交建的天津航道局具体实施项目建设。“我们与中国企业的合作很愉快，中国专家的业务能力很强，我们对他们充分信任！”在近几个月的合作中，乌克兰南方港港务局局长希罗科夫对中国企业在南方港疏浚项目展现的效率和能力表达由衷赞赏。乌克兰南方港疏浚项目标志着中国企业打进欧洲四大疏浚企业的传统“势力范围”，首次进入中东欧疏浚市场。该项目的实施也是“一带一路”倡议在乌克兰落地的一次成功实践，对于中国与乌克兰未来在基础设施领域开展务实合作具有标志性意义。[①] 中国企业在“一带一路”框架下积极参与乌克兰基础设施建设，以中国效率、中国

① 谭武军：《疏浚港口，中企为“黑海明珠”增光彩》，《人民日报》2018 年 1 月 4 日。

速度和中国诚信，给乌方留下良好印象。

2018 年 9 月，中国电力建设集团有限公司与挪威 NBT 公司正式签订了乌克兰西瓦什 250 兆瓦风电项目 EPC 合同，合同金额为 2.92 亿欧元。该项目建成后将成为欧洲最大的路基风电场。西瓦什 250 兆瓦风电项目由挪威 NBT 公司投资，欧洲复兴开发银行牵头融资，中国电建与福建公司组成联营体共同作为 EPC 承包商。该项目位于乌克兰南部赫尔松地区锡瓦什湖畔，装机容量为 250 兆瓦，采用 64 台 Nordex 3.9 兆瓦风机，适用欧盟标准。预计于 2018 年 10 月 10 日实现融资关闭，正式开工，2019 年 12 月 31 日完工。

时任乌克兰总统波罗申科表示，随着项目的实施，将给乌克兰创造许多新的就业机会，而这一电力项目的建成也将满足赫尔松地区 1/3 以上的电力需求，极大改善当地用电情况，带动地区经济发展。①

2017 年，贝肯能源借中乌“一带一路”建设和乌克兰天然气勘探开发大发展的东风，与乌克兰天然气开采公司签署金额约 4 亿元人民币的钻井工程服务合同，标志着中国企业正式进入乌克兰油气开采市场。从 2018 年 3 月，第一口天然气井顺利开钻，到 2018 年年底，共有 4 部钻机投入钻井作业，累计开钻 9 口井，完钻 6 口井，完钻的第一口井创出乌克兰天然气开采史

① 《中企签约乌克兰西瓦什风电项目将建欧洲最大路基风电场》，2018 年 9 月 13 日，参考消息网。

上同区块同类井钻井周期最短的纪录。

乌克兰天然气开采公司波尔塔瓦分公司公关部经理马克西姆说，"波尔塔瓦的油气开采为乌克兰贡献了约10%的国家财政收入。目前乌克兰年天然气开采量仅占已探明储量的2%，远低于其他国家6%以上的水平，中国技术给我们带来可喜变化，我们希望与中国企业深化合作，为乌经济发展发挥更大作用"。[①]

二　"一带一路"国际经贸合作有力地推动了双边关系

"一带一路"倡议的目标，在于共同打造政治互信、经济融合、文化包容的利益共同体、命运共同体和责任共同体。明确的目标和理念、前瞻而久远的愿景，推动着中国与沿线国家双边合作的快速发展。

作为中国最大邻国和全面战略协作伙伴，俄罗斯是"一带一路"建设的积极支持者和重要参与者，也是中国的关键合作伙伴。从国家最高领导人会晤到各方面的经贸合作，再到人文艺术交流，无不展示出中俄两国的高水平战略伙伴关系。在2017年5月"一带一路"国际合作高峰论坛的成果清单中，中俄签署的各类协议项目占比很高，显示出俄罗斯在用行动与中国共同推动"一带一路"建设，为构建人类命运共同体注入动

① 谭武军：《中国技术给我们带来可喜变化》，《人民日报》2019年2月13日。

力。2018 年前 9 个月，中俄两国双边贸易额增长 25.7%，超过 770 亿美元。[①] 共同的安全构想、共同的发展理念、共同的建设事业，构筑了民族与国家的命运共同体前景。

2018 年 10 月 18 日，俄罗斯总统普京在第十五届瓦尔代国际辩论俱乐部年会上表示，中国领导人提出的"一带一路"倡议意义重大。俄中在多个领域合作，双方积极研究宽体客机，开发太空项目等。俄方欢迎中方在"一带一路"倡议框架下，开发北方航道。[②] 俄罗斯副总理尤里·特鲁特涅夫在 2018 年第四届东方经济论坛上由衷地表示，今天中国是俄罗斯远东地区的主要外国伙伴。中国投资占该地区总投资额的 7%。俄罗斯与中国开展多方位合作，包括基础设施建设、农业和自然资源开采。

俄罗斯一些地区也积极寻求与中国合作的机会，愿意搭乘中国经济发展的快车。俄罗斯北高加索事务部负责人谢尔盖·切博塔廖夫表示，北高加索地区希望与中国在"一带一路"倡议框架下加强合作。中方在参与北高加索地区快速发展的行业当中积累了独特经验，比如，农业和旅游业。中方伙伴投资汽车工业企业和能源综合体，愿意促进北高加索地区的生产，特别是汽车和家用电器的组装。同中方合作在经济层面上有益于

① 《俄中专家：两国贸易额今年将突破 1000 亿美元》，2018 年 10 月 31 日，《透视俄罗斯》，http：//tsrus. cn/jingji/caijing/2018/10/31/663553。

② 《中国外交部：中方高度赞赏普京总统对"一带一路"倡议的积极评价》，2018 年 10 月 19 日，俄罗斯卫星网，http：//sputniknews. cn/russia/20181019102 6615403/。

北高加索。[1]

俄罗斯加里宁格勒州州长安东·阿里汉诺夫表示，该州愿加强自己作为“一带一路”倡议中从中国通往欧洲各国的欧亚大陆桥中转枢纽作用，并已为此采取了初步措施，一年前启动了加里宁格勒铁路通过中欧集装箱班列进行货物运输的项目。[2]

从国家层面到地方各州区，俄罗斯与中国双边合作越来越紧密深入。在“一带一路”框架下，中俄间“五通”目标正在逐项实现。中俄政治高度互信、经济密切合作、文化深度交流，成为国际关系的典范和世界稳定的“压舱石”，更成为中国“一带一路”倡议下构建人类命运共同体的有效实践平台。正如俄罗斯人民友谊大学外国语理论与实践教研室副教授奥列格·季莫费耶夫所说，“一带一路”倡议将在俄中经济贸易关系发展中发挥关键性作用。

季莫费耶夫说：“一带一路”倡议的实施，旨在扩大中国与其主要贸易伙伴欧盟的贸易增长。俄罗斯在这方面具有天然地缘政治优势，货物通过中亚和俄罗斯运输最快，也最安全。“一带一路”不仅是交通路线，货物跨境运输，还包含投资，因为物流中心的建设运转需要大量投资，俄罗斯的经济因此也将得

---

① 《俄北高加索事务部负责人：北高加索希望同中国合作共建“一带一路”》，2018年10月4日，俄罗斯卫星网，http：//sputniknews. cn/economics/201810031026 492627/。

② 《俄加里宁格勒州将成为新丝绸之路的重要枢纽》，2018年8月27日，俄罗斯卫星网，http：//sputniknews. cn/society/201808271026218408/。

到发展。[①]

2018 年 9 月 15 日，国际产能合作论坛暨第十届中国对外投资洽谈会上，俄联邦总统区域经济一体化顾问格拉济耶夫在开幕式上致辞，又一次表示，“一带一路”的建设不仅仅局限于远东地区，俄方在这里看到巨大潜力，未来还可能出现完全新型的、非常有战略意义的经贸合作机制、合作方式和合作领域。格拉济耶夫认为，完全新型的经贸合作方式是要摒弃武力，旨在复兴国际秩序和国际法的公平性。建立共同的发展机构极为重要。习近平主席提出的中俄地区合作发展投资基金已成为当前一系列国际金融机构的一个重要补充，比如亚投行、丝路基金等的重要补充。[②]

在推动新经贸合作方式下，推动经济全球化，反对贸易保护主义，维护国际秩序和国际法的公平、公正，中国“一带一路”倡议，凸显了创新国际经贸合作互利共赢、共享发展的新形式、新理念、新前景。“一带一路”是俄罗斯离不开的对外经贸方式，俄罗斯也是“一带一路”倡议重要的实践国家。中俄高水平全面战略协作伙伴关系的发展，离不开“一带一路”推进双边关系的重要方式和重要作用。

---

① 《俄专家：一带一路倡议的实施或将对中俄双边贸易的增长产生影响》，2018 年 3 月 20 日，http://sputniknews.cn/politics/201803201024961647/。

② 《俄总统顾问：“一带一路”建设不仅局限于远东地区》，2018 年 9 月 15 日，俄罗斯卫星网，http://sputniknews.cn/economics/201809151026359620/。

三　尊重中俄彼此核心利益，“一带一路”倡议对接欧亚经济联盟

“一带一路”倡议与欧亚经济联盟有机对接，尊重了中俄两国彼此的核心利益和重大关切，以新的实践形式推动构建人类命运共同体再向新征程。

习近平主席多次强调，推动构建人类命运共同体，共建“一带一路”国际经贸合作事业，要尊重各国不同历史文化传统和发展阶段性特点，尊重彼此的核心利益和重大关切，尊重各国人民的自主选择。

以俄罗斯为主导的欧亚经济联盟，作为一个区域合作形式，体现了俄罗斯的核心利益和重大关切，甚至是俄罗斯的大国尊严和地位。中国“一带一路”倡议积极对接欧亚经济联盟，俄罗斯在其主导的欧亚经济联盟框架下响应和加入中国“一带一路”倡议。这一重要合作顺利推动了“一带一路”建设向着纵深发展。构建人类命运共同体的步伐，进一步向前迈进。

欧亚经济联盟成立于2015年，成员国包括俄罗斯、哈萨克斯坦、白俄罗斯、吉尔吉斯斯坦和亚美尼亚。目前五国均是“一带一路”建设的重要合作伙伴。2015年5月，中国与俄罗斯签署《关于丝绸之路经济带建设和欧亚经济联盟建设对接合作的联合声明》，宣布启动中国与欧亚经济联盟经贸合作方面的协定谈判。2018年5月17日，中华人民共和国商务部国际贸易

谈判代表傅自应同欧亚经济委员会执委会主席萨尔基相、欧亚经济联盟各成员国代表，在哈萨克斯坦首都阿斯塔纳共同签署了经贸合作协定。这是一个历史性的进程，开启了“一带一路”国际经贸合作的新篇章。

欧亚经济联盟与“一带一路”倡议对接，获得了俄罗斯各阶层的普遍好评。俄罗斯总统普京在接受中国国际广播电台国际在线采访时表示，俄罗斯认为“一带一路”是重要和具有前景的倡议，在工业合作领域和铁路运输发展的基础设施领域已经有了很好的计划。中国领导人将该倡议目标定位于构建人类命运共同体，是个有益的、重要的和具有前景的倡议。这一倡议同俄罗斯建设欧亚经济联盟的努力相契合。习近平主席的思想更加具有全球化性质，其目的在于使与全球和各大陆的合作得以发展。普京总统强调，俄罗斯有整体欧亚经济合作的想法。所有这些都很契合并会产生很好的效果。落实这一倡议框架下有数个共同合作方向。在工业合作领域、在铁路交通发展基础设施领域，都有很好的计划。所有这些都是非常强有力、具有前景的方向，它们无疑将成为俄中合作的基础。① 普京总统高度评价对接，高度评价“一带一路”倡议，凸显了习近平主席本着构建人类命运共同体，以互谅互让、开放包容、共享发展为要义之全球治理与发展理念的重要实践性和客观现实性。

---

① 《普京：俄罗斯认为“一带一路”是重要和具有前景的倡议》，2018 年 6 月 6 日，俄罗斯卫星网，http：//sputniknews. cn/economics/201806061025575832/。

俄新社评论员也高度评价在两国最高领导人的努力推动下，“一带一路”倡议与欧亚经济联盟对接的重大意义。评论说：2015 年 5 月，在习近平访问俄罗斯期间，俄联邦和中国的首脑签署了欧亚经济联盟（EAEU）和中国“一带一路”倡议（SREB）的对接协议。100 多个国家和国际组织表示愿意支持该“一带一路”倡议并加入其中。中国已与 40 多个国家和国际组织签署了合作协议。其中最重要的是俄罗斯和中国关于合作建立欧亚经济联盟和“丝绸之路经济带”的联合声明。在两国合作的框架内，EAEU-SREB 对接委员会已经建立并正在运作。2016 年，在“一带一路”倡议的框架内，多边经济走廊发展的真正突破是，中国、蒙古和俄罗斯正式签署建设经济走廊的计划。与欧亚经济联盟的协同举措也取得了持续进展。①

中俄高水平全面战略协作伙伴关系，是国际政治局势稳定的“压舱石”。中俄关系也是构建人类命运共同体的重要主体构成，是中国“一带一路”倡议顺利推行的奠基石，有着不可替代的重要作用。中俄关系、构建人类命运共同体、欧亚经济联盟与“一带一路”倡议有机对接下的国际经贸合作，成为互为依存的重要关系。

① Стратегия экономического развития “Один пояс—один путь” 14. 05. 2017, https：//ria. ru/spravka/20170514/1494097368. html.

四　经贸和人文合作交流相得益彰

构建人类命运共同体是共建“一带一路”的理论基石和时代哲学，是深置于“一带一路”国际合作建设实践中的精髓。以推动构建人类命运共同体为时代哲学和实践指南，“一带一路”倡议国际合作涵盖政策沟通、设施联通、贸易畅通、资金融通、民心相通五大类。经贸合作平台之上，人文交流精彩纷呈，文化传播寓情于景，民心相通情真意切。

中国与白俄罗斯两国友好关系，有一个特别的表达——“全天候友谊”。2016 年白俄罗斯总统卢卡申科对中国进行国事访问，两国元首决定建立相互信任、合作共赢的中白全面战略伙伴关系，发展双方全天候友谊，携手打造利益共同体和命运共同体。如今，这一“全天候友谊”正体现在两国交往的方方面面。

在明斯克，会说中文的白俄罗斯人随处可见。在机场、火车站、大型商场等重要公共场合，中文标示详细齐全。白俄罗斯许多中小学已经在数年前就开设了汉语课程，许多学校把学习中文放在教学重要位置。一些著名大学的汉语言系成为品牌院系，培养了许多活跃在外交领域的专业人员。在“一带一路”欧洲沿线国家中，白俄罗斯的汉语普及程度最高。

白俄罗斯学者自豪地说，白俄罗斯是最先响应中国“一带一路”倡议的欧洲国家。白俄罗斯科学院通讯院士科瓦列尼亚强调，“一带一路”倡议是通过和平互利的发展促进各国共同繁荣，该倡议不是简单的经济合作观念，更包含了深刻的国际合作哲理。

在2018年俄罗斯“中国文化节”上，中国国家大剧院创作的歌剧《这里的黎明静悄悄》应俄罗斯马林斯基剧院、亚历山大红旗歌舞团基金会之邀，于9月11日至15日赴俄罗斯交流演出，成为文化节中最醒目的色彩。演出受到富有文学艺术传统的俄罗斯民众的热烈欢迎。俄联邦委员会主席马特维延科说：“剧目很感人，我很受感动。这虽然是一部中国戏剧，但拥有俄罗斯的灵魂，具有俄罗斯的风格，充满俄罗斯的个性。”一位观众观看了歌剧后，在自己的博客上展示了歌剧海报和观看演出时的多幅精美照片，并配上了长长的文字说明。在结尾中这样写道，“我很喜欢中国的文字，出现在演出时的字幕给人留下了深刻的印象。整个演出大厅里的观众都站起来鼓掌！中国音乐家精彩的表演，更让我们热爱祖国”。文化交流传递着各国人民之间的情感，成为“一带一路”建设亮丽生动的诠释，成为“一带一路”沿线国家与中国合作共赢、共同发展的具象而鲜活的展现。

俄罗斯主管社会政策的副总理塔季扬娜·戈利科娃表示，随着两国“一带一路”经贸合作的扩大和发展，俄中人文合作比以往任何时候都更加成功。近3年来，汉语在俄罗斯中学生中的普及率几乎翻了一番。2018年9月新学年，汉语首次成为俄罗斯国考可选科目。目前，俄罗斯共有30个地区的125所学校在教授汉语。经贸合作之花，结出丰硕的人文交流之果。

2018年9月，习近平主席在"一带一路"倡议提出五周年之际，高瞻远瞩地指出，过去几年共建"一带一路"完成了总体布局，绘就了一幅"大写意"，今后要聚焦重点、精雕细琢，共同绘制好精谨细腻的"工笔画"。习近平主席以"工笔画"为喻，寄望"一带一路"的未来，提出要在项目建设、开拓市场、金融保障上下功夫，要推动教育、科技、文化、体育、旅游、卫生、考古等领域交流蓬勃开展。课题组所到目标国目之所及，是在上述各领域的精谨细腻"工笔画"的美好愿景和蓝图。

五　向中国学习发展经验

秉承着"共商、共享、共建"原则，"一带一路"倡议展示了和平合作、开放包容、互学互鉴、互利共赢的丝路精神，传递着中国经验、中国智慧和中国情怀。

乌克兰汉学家协会会长基克腾科、乌克兰科学院经济研究所列娜，围绕着中乌关系发展、"一带一路"倡议框架下中乌经贸合作现状与前景，关于"一带一路"倡议和构建人类命运共同体思想在乌克兰的发展进行了积极的研究，乌克兰汉学家协会会长基克腾科认为，乌克兰是欧洲最早支持中国"一带一路"倡议的国家，由于乌克兰局势一直不稳定，从正式合作看，在"一带一路"倡议框架下的中乌合作的水平和路线有待提高。中乌目前没有建立自由贸易区，乌克兰学界围绕“一带一路”倡议时常举办论坛。促进相关“一带一路”与城市建设、文化、人文交流与合作。

基克腾科会长认为，乌克兰渴望与中国发展更高层次的关系。2018 年是中国改革开放 40 周年，乌克兰东方研究院、汉学研究所于 2018 年 10 月举行了相关的圆桌会议，学习研究中国经验。乌克兰东方研究院出版了《中国・乌克兰》杂志，不定期地介绍乌中两国大事。该杂志以多期特刊的形式，对中国共产党第十九次全国代表大会进行了详细介绍。

乌克兰国家科学院信息与技术研究所奥尔加・卡别耶娃研究员由衷地认为，中国“一带一路”倡议非常有吸引力。作为了解中国的乌克兰学者，她会努力呼吁加强双方合作和交流，并建议政府向中国学习发展经验。

白俄罗斯在向中国学习发展经验方面表现了很强的愿望。两国间的学习交流非常频繁。白俄罗斯驻华大使鲁德・基里尔在接受央视记者采访时表示，伴随着经济社会的快速发展，中国扮演着越来越重要的国际角色。中国深化改革的成功经验，也为世界其他国家的发展提供了重要借鉴。①

2018 年 1 月 10 日，白俄罗斯建筑业派骨干赴兰州学习中国建筑管理。白俄罗斯建设部副部长西多罗夫・亚历山大・尼古

---

① 《驻华大使看两会・白俄罗斯：中国改革为世界发展提供经验》，2018 年 3 月 22 日，人民网。

拉耶维奇及建设中心科技创新中心主任、国家建筑定价科技中心经理等官员参加开班仪式。20余名白俄罗斯建筑业骨干参加培训班。培训以中国建筑文化为主线，介绍中国建筑对前沿科技的探索研究和新技术、新材料的应用，观摩绿色装配式建筑住宅、超高层精品建筑、大型公共建筑、石油化工炼化工艺主体技术、文化博览会场馆，领略博大精深的敦煌文化精髓。白方对甘肃建投在项目设计、施工、培训、维护、技术监理及管理咨询等方面的丰富经验和体现出的专业水平非常感兴趣。希望甘肃建投与白俄罗斯共和国建设部之间开展更多的合作。①

2018年10月22日，中国甘肃陇南市—白俄罗斯格罗德诺州格罗德诺市电子商务学习交流班开班仪式举行。白俄罗斯格罗德诺市议会主席菲德洛夫·鲍里斯·瓦西里耶维奇说，陇南电子商务发展取得的成效超乎他们的想象。白方非常希望通过交流能够学习到陇南先进的电商经验，他们也会分享格罗德诺市商业发展的模式和经验，促进两市更加深入地开展交流合作。白俄罗斯格罗德诺市议会执行委员会第一副主席鲁克·安德烈·瓦茨拉瓦维奇说，这次活动是“一带一路”框架下非常重要的一个学习活动，陇南市和格罗德诺市建立友好城市已多年，在共建“一带一路”倡议下，白俄罗斯和中国、格罗德诺市和陇南市的关系将越来越紧密，希望两市进一步拓宽合作交流渠

① 《白俄罗斯建筑业骨干兰州学习中国建筑管理》，《建筑时报》2018年2月2日。

道，依托电子商务开展贸易关系，促进两市经济繁荣发展。①

白俄罗斯中白工业园管委会主任亚罗申科表示，中国在改革开放过程中形成了诸多经贸区发展经验，白中两国合作共建中白工业园正是白俄罗斯学习中国经验、通过技术创新推动经济发展的良好平台。工业园通过集纳高新技术产业和新的发展理念，以带动整个白俄罗斯经济的发展。②

中国智慧、中国经验、中国担当，正影响着世界，也重塑着中国与世界的关系。“一带一路”倡议之下，中国将始终与世界各国人民一道，共建创新包容的开放型世界经济，向着构建人类命运共同体目标不懈奋进。

六　积极推进“一带一路”进程

我们要以开放包容的气魄，求同存异，树立正确义利观，尊重彼此的核心利益和重大关切，以担当和责任，推动构建人类命运共同体。俄、白、乌三国均高度评价、积极响应习近平主席提出的构建人类命运共同体理念。2017 年 5 月“一带一路”倡议国际合作高峰论坛统计的成果清单 5 大类、76 大项、270 多项具体成果中，俄白等国签署的各类协议项目占重要分

① 《中国陇南市—白俄罗斯格罗德诺市电商学习交流班在武都举行》，《甘肃日报》2018 年 10 月 25 日。

② 《廉丹：中白共建国际化产业新城，中白工业园月均一家新企业投入运营》，2019 年 1 月 22 日，中国经济网，https：//www. yidaiyilu. gov. cn/xwzx/hwxw/78028. htm。

量。成绩的取得显而易见，推动“一带一路”国际经贸合作顺利前行。

在与白俄罗斯共建的“一带一路”项目中，双方努力将中白巨石工业园建成“集生态、宜居、兴业、活力、创新五位一体国际化、现代化的产业新城”。

“授人以鱼不如授人以渔。”习近平主席提出的，要深化合作，“一带一路”国际经贸合作，今后要聚焦重点、精雕细琢，共同绘制好精谨细腻的“工笔画”，打造人类命运共同体。在“一带一路”建设中，从利益共同体，到事业共同体，再到命运共同体，要同舟共济、共谋发展，共同推进共同事业。

习近平主席在首届中国国际进口博览会开幕式上的主旨演讲，进一步强调，中国将继续推进共建“一带一路”，坚持共商、共建、共享，同相关国家一道推进重大项目建设，搭建更多贸易促进平台，鼓励更多有实力、信誉好的中国企业到沿线国家开展投资合作，深化生态、科技、文化、民生等各领域交流合作，为全球提供开放合作的国际平台。向全世界坚定昭示，中国将始终是全球共同开放的重要推动者，将始终是世界经济增长的稳定动力源，将始终是各国拓展商机的活力大市场，将始终是全球治理改革的积极贡献者。“一带一路”建设将为世界经济可持续发展带来新机遇，为解决当今世界和平赤字、发展赤字、治理赤字提供新思路，为构建人类命运共同体做出独特贡献。

“一带一路”旅游合作的潜力与前景

——以中东欧三国为例

杜志雄等*

一　背景：旅游与“一带一路”倡议、“16 +1”合作

（一）“一带一路”倡议

2013 年 9 月和 10 月，中国国家主席习近平在出访中亚和东南亚国家期间，先后提出共建“丝绸之路经济带”和“21 世纪海上丝绸之路”（简称“一带一路”）的倡议。它以“丝绸之路”经济、人文、商贸的千年传承为基础，旨在

* 本课题组负责人为中国社会科学院农村发展研究所党委书记、研究员杜志雄；课题组成员为中国社会科学院财经战略研究院研究员宋瑞，中国社会科学院研究生院副教授李为人，中国社会科学院财经战略研究院助理研究员陈立平。

改善全球经济治理和构建人类命运共同体，具有全新的时代特征和现实意义。

"一带一路"倡议提出五年以来，坚持共商、共建、共享原则，不断扩大与沿线国家和机构的合作共识，扎实推进各项工作。"一带一路"从倡议到行动，从理念到实践，已发展成为当今世界规模最大的国际合作平台和备受瞩目的国际公共产品。倡议提出以来，在全球100多个国家和国际组织积极支持和参与下，"一带一路"倡议围绕政策沟通、设施联通、贸易畅通、资金融通、民心相通等"五通"取得了显著进展。

1. 政策沟通

加强政策沟通是"一带一路"建设的重要保障。近年来，我国致力于加强政府间合作，积极构建多层次政府间宏观政策沟通交流机制，深化利益融合，促进政治互信，达成合作共识。

截至2018年9月18日，中国已与106个国家和29个国际组织签署了150份"一带一路"合作文件。截至2018年8月，首届"一带一路"国际合作高峰论坛确定的279项工作中，有265项已经完成或转为常态工作，剩下的14项正在督办推进，落实率达95%[①]。上海合作组织、中国—东盟"10+1"合作机制、亚太经合组织等多边合作机制正推动所属经济体发展战略与"一带一路"倡议对接。联合国大会、联合国安理会等重要决议纳入"一带一路"建设内容。

---

① 数据来源：2018年8月27日国新办新闻发布会。

值得一提的是，各相关国家政府主管部门结合本国国情，努力寻求本国发展战略与“一带一路”倡议的对接。例如，欧盟的“容克计划”、俄罗斯的“欧亚经济联盟”和“冰上丝绸之路”、蒙古国的“发展之路”、哈萨克斯坦的“光明之路”、波兰的“琥珀之路”等。在研究对接领域、确定对接项目、协商对接原则、商讨对接模式、制定对接规划的基础上，制定了信贷、税收、通关、旅游、投资、贸易、土地使用等方面的政策。

2. 设施联通

基础设施互联互通是“一带一路”建设的优先领域。在尊重相关国家主权和安全关切的基础上，我国与沿线国家致力于加强基础设施建设规划、技术标准体系的对接，共同推进国际骨干通道建设。近年来，相关国家抓住交通基础设施的关键通道、关键节点和重点工程，优先打通缺失路段，畅通瓶颈路段，配套完善道路安全防护设施和交通管理设施设备；推进建立统一的全程运输协调机制，促进国际通关、换装、多式联运有机衔接；推动口岸基础设施建设，畅通陆水联运通道，推进港口合作建设，增加海上航线和班次；拓展建立民航全面合作的平台和机制，加快提升航空基础设施水平；共同推进跨境光缆等通信干线网络建设。

在设施联通方面，以新亚欧大陆桥经济走廊、中蒙俄经济走廊、中国—中亚—西亚经济走廊、中巴经济走廊、孟中印缅经济走廊和中国—中南半岛经济走廊等六大经济走廊和“多国多港”建设为重点，一些重大基础设施建设项目稳步推进。目前，在港口方面，我国已与世界200多个国家和地区、600多个主要港口建立航线关系，海运互联互通指数保持全球第一。铁路方面，截至2018年8月底，中欧班列累计开行数量突破1万列，到达欧洲15个国家43个城市，重箱率达85%[①]。航空方面，我国与“一带一路”沿线62个国家签订双边政府间航空运输协定，与45个国家实现直航，每周约5100个航班。

3. 贸易畅通

投资贸易合作是“一带一路”建设的重点内容。近年来，我国与相关国家着力研究解决投资贸易便利化问题，消除投资和贸易壁垒，构建区域内和各国良好的营商环境；积极同沿线国家和地区共同商建自由贸易区；致力于加强信息互换、监管互认、执法互助的海关合作，以及检验检疫、认证认可、标准计量、统计信息等方面的双、多边合作；改善边境口岸通关设施条件，降低通关成本，提升通关能力；降低非关税壁垒，共同提高技术性贸易措施透明度，提高贸易自由化便利化水平；鼓励合作建设境外经贸合作区、跨境经济合作区等各类产业园区。

据商务部统计，截至2018年上半年，中方共在46个国家建设初具规模的经贸合作区113个，累计投资348.7亿美元，入区企业4542家，上缴东道国税费28.6亿美元，为当地创造

① 数据来源：2018年8月27日国新办新闻发布会。

就业岗位 28.7 万个。此外，中国与 24 个经济体签署了自贸区协定，与近 20 个国家建立了国际产能合作机制。2013—2017 年，我国与“一带一路”沿线国家[①]货物贸易额累计超 5 万亿美元，对外直接投资超 700 亿美元。中国企业在沿线国家推进建设 75 个经贸合作区，上缴东道国税费 22 亿美元，创造就业岗位 21 万个。

4. 资金融通

资金融通是“一带一路”建设的重要支撑。近年来在资金融通方面取得了突破性进展。一是中方联合相关国家在 2015 年和 2016 年两年间新创立了三个国际金融机构，即亚投行、金砖国家新开发银行和丝路国际银行。前两个银行有相当比例的资金用于服务“一带一路”建设，丝路国际银行则主要是为企业在非洲参与“一带一路”建设提供金融服务。二是专门为“一带一路”建设设立一系列基金，包括丝路基金、人民币海外基金、中非发展基金、中国—东盟投资合作基金、中国—欧亚经

① 本文所指“一带一路”沿线国家具体包括：东亚的蒙古、东盟 10 国（新加坡、马来西亚、印度尼西亚、缅甸、泰国、老挝、柬埔寨、越南、文莱和菲律宾）、西亚 18 国（伊朗、伊拉克、土耳其、叙利亚、约旦、黎巴嫩、以色列、巴勒斯坦、沙特阿拉伯、也门、阿曼、阿联酋、卡塔尔、科威特、巴林、希腊、塞浦路斯和埃及的西奈半岛）、南亚 8 国（印度、巴基斯坦、孟加拉国、阿富汗、斯里兰卡、马尔代夫、尼泊尔和不丹）、中亚 5 国（哈萨克斯坦、乌兹别克斯坦、土库曼斯坦、塔吉克斯坦和吉尔吉斯斯坦）、独联体 7 国（俄罗斯、乌克兰、白俄罗斯、格鲁吉亚、阿塞拜疆、亚美尼亚和摩尔多瓦）、中东欧 16 国（波兰、立陶宛、爱沙尼亚、拉脱维亚、捷克、斯洛伐克、匈牙利、斯洛文尼亚、克罗地亚、波黑、黑山、塞尔维亚、阿尔巴尼亚、罗马尼亚、保加利亚和马其顿）。当然，随着“一带一路”建设的不断推广，将有越来越多的国家加入其中。

济合作基金、中俄地区合作发展投资基金等。三是中资银行加快在相关国家布局发展。目前有 11 家中资银行在 27 个相关国家（主要在东南亚、西亚和俄罗斯）设立了 71 个分支机构。四是通过发债筹集资金，支持“一带一路”建设融资。中国银行、国家开发银行等银行和招商局港口控股有限公司等公司发行了具有相当规模的“一带一路”专项债券。

截至 2018 年 7 月，亚投行成员增至 87 个，超过 60% 的成员来自“一带一路”沿线国家。亚投行在 13 个国家开展 28 个项目，总金额超 53 亿美元。中国出资 400 亿美元成立的丝路基金，2017 年 5 月获得中国增资 1000 亿人民币，已签约 19 个项目，承诺投资 70 亿美元，支持项目涉及总金额达 800 亿美元。24 个国家设立中资银行分支机构 102 家，人民币跨境支付系统覆盖俄罗斯、新加坡、马来西亚、韩国、泰国等 40 个国家 165 家银行。

5. 民心相通

民心相通是“一带一路”建设的社会根基。近年来，我国传承和弘扬丝绸之路友好合作精神，广泛开展文化交流、学术往来、人才交流合作、媒体合作、青年和妇女交往、志愿者服务等，为深化双、多边合作奠定坚实的民意基础；扩大相互间留学生规模，开展合作办学，中国每年向“一带一路”沿线国家提供 1 万个政府奖学金名额；沿线国家间互办文化年、艺术节、电影节、电视周和图书展等活动，合作开展广播影视剧精品创作及翻译，联合申请世界文化遗产，共同开展世界遗产的联合保护工作。深化沿线国家间人才交流合作；加强旅游合作，扩大旅游规模，互办旅游推广周、宣传月等活动，联合打造具有丝绸之路特色的国际精品旅游线路和旅游产品，提高沿线各国游客签证便利化水平；推动"21世纪海上丝绸之路"邮轮旅游合作。积极开展体育交流活动，支持沿线国家申办重大国际体育赛事。

据统计，2017年，来自"一带一路"沿线国家留学生达30多万人，赴沿线国家留学的人数6万多人。预计到2020年，"一带一路"沿线国家双向旅游人数将超过8500万人次，旅游消费约1100亿美元。截至2018年7月，我国公民持普通护照可以享受69个国家和地区的免签、落地签政策。同时，我国已与138个国家缔结涵盖不同种类护照的互免签证协定（包括普通护照、外交护照、公务护照等）。截至2018年6月，我国还与41个国家达成了70份简化签证手续协定或安排。国外媒体和网民对"一带一路"积极态度变化趋势，从2013年的16.5%上升到2017年的23.61%，"一带一路"倡议获得更大范围内的认同。

（二）"16+1合作"

匈牙利于2009年提出"向东开放"政策，波兰于2012年启动"走向中国"战略，塞尔维亚于2012年倡导兼顾东西方的"两扇门"的外交政策。在此背景下，2012年4月，首次中国—中东欧国家领导人会晤在波兰首都华沙举行，"16+1合作"正式启动。2013年，"一带一路"倡议的提出高度契合中东欧国家的发展需求，为这一平台提供了全新机遇。

自2012年中国—中东欧国家领导人首次会晤以来，“16+1合作”从无到有、从初期探索到逐步成熟，走过了一条从照顾多样性而采取松散型合作，到逐步凝聚共识并采取机制化合作的道路，在政治、经贸、投资、金融、基础设施、产能、人文交流等领域取得丰硕成果。

1. 合作基础深厚

中国与中东欧16国曾同属社会主义阵营，彼此相互了解。20世纪90年代以来，双方的密切合作关系逐渐走向深化。中东欧国家开始了转型以及加入欧盟的进程，中国也步入加速改革和扩大开放的进程，与大国、周边和非洲国家的联系日益紧密，与中东欧国家的联系和合作关系持续发展。

2. 合作成效明显

在“16+1合作”框架的推动下，中国与中东欧乃至欧洲地区越织越密。中国与捷克（2016年）和匈牙利（2017年）相继建立战略伙伴关系，与波兰和塞尔维亚从战略伙伴关系提升到全面战略伙伴关系（2016年），与匈牙利的友好合作伙伴关系提升为全面战略伙伴关系（2017年）。与此同时，中国与巴尔干、波罗的海沿岸的中东欧国家双边合作关系明显升温。

（1）合作机制

2012年，中方在外交部设立中国—中东欧国家合作秘书处，其主要职能是负责协调中方各机构面向中东欧16国的合作，并积极推进与16国主管部门的协作。16国也任命了各自的国家协调员或指定机构与秘书处对接。至2017年10

月，中国和中东欧国家举行了10次国家协调员会议。国家协调员会议不仅有利于落实高层领导互访的成果，也能够进一步梳理各领域合作进展情况，并就下阶段合作方向进行探讨。除秘书处和国家协调员会议外，各方还联合建立了各领域的协调机制，例如"16+1"投资促进机构联系机制、"16+1"交通基础设施合作联合会、"16+1"联合商会执行机构、"16+1"农业合作促进联合会、"16+1"物流合作联合会等。以这些平台为基础所形成的农业部长会议、交通部长会议、卫生部长会议、文化部长论坛、首都市长论坛等均取得了一定成效。目前，中国和中东欧国家之间已经建成或正在筹建的协调机制涉及经贸、投资、旅游、交通、物流、技术、智库、卫生等领域。

总体来看，从《中国—中东欧国家合作布加勒斯特纲要》《中国—中东欧国家合作贝尔格莱德纲要》《中国—中东欧国家合作苏州纲要》到《中国—中东欧国家合作中期规划》等，"16+1"合作的路线图愈加清晰，合作由小到大、由浅入深，在诸多领域取得成果。

（2）地方合作

地方合作是中国和中东欧国家合作的一个特色。近年来，中国的河北、重庆、成都、苏州、宁波等省市纷纷立足本地特色，积极开展同中东欧国家的合作，取得了一系列积极成果。首先，友好城市越来越多。截至2016年，中国同中东欧国家在省份层面结成了59对友好城市；在地区城市层面，结成了92

对友好城市。其次，在双边地方合作的推动下，中国和中东欧国家地方之间开通了越来越多的直飞航线，便利了双边经贸交流和人员往来。再次，中国各地方和中东欧各城市开通了多趟班列，推动了双方的经贸合作，加强了中国各地方同中东欧国家的联系。最后，地方合作逐渐成为经贸、人文交流的重要驱动力量。比如宁波连续三年（2015—2017 年）举办的中国—中东欧国家投资贸易博览会，为“16 + 1”经贸合作做出重要贡献，苏州承办第四次中国—中东欧国家领导人峰会（2015 年），重庆、唐山分别承办了第一、第三次中国和中东欧国家地方领导人会议（2013 年、2016 年），北京积极推动首届“16 + 1”首都市长论坛（2016 年），等等。

（3）贸易合作

中国与中东欧国家的贸易在近几年持续改善，双边贸易额持续提升。根据中华人民共和国商务部的数据，2010—2016 年，中国与中东欧 16 国进出口贸易额从 439 亿美元增至 587 亿美元。中国与中东欧国家的双边贸易额在中欧总贸易额中所占比例不断升高。波兰、捷克、匈牙利和斯洛伐克四国与中国的贸易额位居 16 国前四位。中国也是这四国在亚洲的最大贸易伙伴。在贸易结构方面，以中匈贸易为例，在转型初期，双边贸易以纺织、鞋帽等轻工业产品为主，目前逐渐转为技术含量更高的机械、电子等产品。此外，中东欧国家肉制品、奶制品、葡萄酒等优质农产品也逐渐进入中国市场。

表1　2012—2016年中国和中东欧国家贸易增长率　单位：%

国家＼年份	2012	2013	2014	2015	2016
波兰	10.8	3.0	16.1	-0.6	3.2
捷克	-12.6	8.3	16.2	0.3	0
匈牙利	-12.9	4.3	7.3	-10.6	10.1
斯洛伐克	1.8	7.6	-5.2	-18.9	4.8
爱沙尼亚	2.5	-4.4	4.7	-13.4	-1.1
拉脱维亚	10.0	6.7	-0.7	-20.2	2.3
立陶宛	21.0	5.3	0.1	-25.8	7.7
罗马尼亚	-14.2	6.7	17.8	-6	9.9
保加利亚	29.4	9.8	4.4	-17.1	-8.3
斯洛文尼亚	-2.9	17.2	8.8	2.5	13.6
克罗地亚	-15.2	8.8	-24.5	-2.7	7.4
波黑	-1.9	60.3	185.8	-64.1	-5.4
黑山	63.6	-38.8	106.1	-24.7	-10.8
马其顿	-7.5	-24.9	-2.1	31.3	-37.6
塞尔维亚	8.5	19.1	-17.5	2.2	8.2
阿尔巴尼亚	11.6	15.8	1.7	-1.5	13.9

（三）“一带一路”倡议与“16+1”合作

1. 实现有效对接

“16+1”合作框架启动于2012年，早于“一带一路”倡议的提出（2013年）。自2013年开始，“16+1”合作框架已与“一带一路”倡议实现有效对接。从2013年的罗马尼亚布加勒斯特总理峰会到2018年的索菲亚峰会，“一带一路”倡议都作为重要内容被列入“16+1”总理会晤纲要当中。

2. “16+1”合作成为“一带一路”合作高地

目前，中国和中东欧16国之间的“16+1”合作正在成为“一带一路”建设合作高地。

其一，“16+1”合作成为“一带一路”建设重要的政策沟通平台。通过该平台，上至最高领导层、中至具体决策机构、下至具体合作领域的协调人和负责人均实现了政策沟通对接，达成了一些重要战略共识，推进了一系列重要的合作项目。

其二，“16+1”合作为推进中欧的互联互通打下了良好基础。通过该框架，海上丝绸之路以中欧陆海快线为抓手，陆上丝绸之路以新欧亚大陆桥建设和推进中欧班列有效运营为抓手得到有效推进。其中最为显著的包括新欧亚大陆桥建设、中欧陆海快线建设等。新欧亚大陆桥是世界上最“年轻”的一条大陆桥，东起太平洋西岸中国东部沿海港口连云港，西至大西洋东岸荷兰的鹿特丹、比利时的安特卫普等港口，横贯亚欧两大洲中部地带，总长约 10900 千米。它连接着亚欧大陆上 40 余个国家。在“16+1”合作框架推动下，国内陆续开通了多条通往或者到达中东欧的班列，成为“一带一路”陆上交通运输的主要载体。中欧陆海快线则是中欧海上丝绸之路建设的标志性工程。该线路开辟了中国到欧洲距离最短的海运航线，使中国货物抵达欧洲的海运时间缩短了 7—11 天。此外，一些具体合作项目纷纷落地。除匈塞铁路外，塞尔维亚的“泽蒙—博尔察”大桥、黑山南北高速公路、黑山巴尔市至塞尔维亚边境的公路项目等均进展顺利。

其三，贸易和投资明显增长。在一系列利好政策的支持下，中国与中东欧国家之间的贸易和投资出现明显增长的态势。2015 年中国对 16 国投资总额较 2009 年增长 79%。目前，中国对中东欧投资达到90多亿美元。从贸易角度看，2017年中国从中东欧进口增速（24%）已远高于对其出口增速（13.1%），双方贸易不平衡逐渐减少。

其四，“16+1”合作框架为“一带一路”提供多项资金保障。在“16+1”合作平台推动下，中国陆续创立了100亿美元专项基金、中国—中东欧投资合作基金、中国—中东欧金融控股有限公司和中国—中东欧基金等各种金融支持工具。

其五，“16+1”合作积极推进“一带一路”倡议下的民心相通，形成了一系列民间交流和交往的新举措，丰富了中国和中东欧民间交流的渠道。

总之，“16+1”合作已成为“一带一路”倡议融入欧洲圈的重要承接带。

（四）旅游与“一带一路”倡议和“16+1”合作框架

1. “一带一路”天然具有旅游属性

汉唐驼铃，宋明海帆，从古代中国蜿蜒至欧洲的两条悠悠商道，承载着来自东方和西方的货品与风物，也创造了人类文明交流的传奇与佳话。不管是贯通西北地区的陆路丝绸之路，还是连接南部沿海的海上丝绸之路，都充满了神秘冒险和异域风情，吸引着众多国内外游客，是享誉世界的旅游精品线路。我国旅游业发展之初，丝绸之路旅游就是一张重要的旅游名片，西安、兰州、敦煌等丝路重镇是最早发展旅游业的一批城市。

“一带一路”辐射范围涵盖东南亚、南亚、西亚、中亚、北非和欧洲，跨越东西方四大文明古国和世界四大宗教发源地。沿线地区历史悠久，文化灿烂，旅游资源富集。据世界银行和世界旅游组织统计，截至2013年年底，"一带一路"沿线各国共拥有自然保护区18404个、世界自然遗产地62个、世界文化遗产地382个，自然保护区旅游资源占全球比重为74.7%，自然遗产旅游资源占全球比重为32.1%，文化遗产旅游资源占全球比重为50.9%。2016年，中国、哈萨克斯坦、吉尔吉斯斯坦跨国联合申报的"丝绸之路：长安—天山廊道的路网"项目获得批准，成为列入联合国教科文组织世界遗产名录中规模最大的文化遗产。近年来，"一带一路"沿线各国积极发展旅游业，纷纷出台相关政策，促进本国入境旅游的发展。根据世界旅游组织提供的数据，近年来全球旅游增长保持在3%—4%区间，而"一带一路"沿线国家/地区中有30多个，其入境旅游保持了高于5%的年均增长速度。

2. 旅游是实现"五通"的重要方式

"旅游是传播文明、交流文化、增进友谊的桥梁"，"旅游是增进人民亲近感的最好方式"。在"一带一路"倡议实施过程中，旅游不仅是一个重要的经济合作领域，而且能够以民间外交的方式促进政策融合、设施互通、经济合作、人员往来和文化交融。

从"一带一路"倡议与我国旅游经济发展的关系来看：一方面，旅游是实施"一带一路"倡议的重要方式，通过加强旅游交流与合作，可加快形成海内外联动、东西双向开放的全面开放新格局；另一方面，“一带一路”倡议的实施也将进一步优化我国旅游国际合作环境，为旅游经济发展注入新的动力，尤其是将极大促进沿线城市的旅游发展。在“一带一路”建设的推进实施过程中，旅游不仅是一个重要的经济合作领域，更重要的是，旅游能够通过民间外交的方式促进跨区域、跨国界、跨洲政治认同、政策融合、设施互通、经济合作、人员往来、文化交融。在“一带一路”建设实施过程中，旅游是必不可少的文化融合剂、人心凝聚剂、经济催化剂，是实现“五通”的重要方式。

3. 旅游合作已全面展开

近年来，围绕“‘一带一路’，旅游先行”这一主线，我国政府在如下方面做出了积极努力。

其一，推动建立合作机制。先后建立了中国—东盟、中国—中东欧、中俄蒙等一系列双、多边旅游合作机制，举办了首次中国—东盟旅游部门会议、首次中国—中东欧国家旅游合作高级别会议、首届中俄蒙旅游部长会议、首届中国—南亚旅游部长会议等活动，指导成立海上丝绸之路旅游推广联盟、陆上丝绸之路旅游推广联盟、“万里茶道”国际旅游推广联盟，推动“一带一路”沿线国家、地区、省市在客源互送、线路共建、目的地共推等方面加强横向合作。2013 年至今，我国已与“一带一路”沿线国家签署双边文化、旅游合作文件 76 份，推动建立中国—东盟、中国—中东欧、中俄蒙等一系列双边、多边文化旅游合作机制，利用中意（大利）、中法（国）、中英（国）、中南（非）等人文交流机制拓展与“一带一路”延长线国家合作空间。

其二，凝聚国际发展共识。2015 年举办丝绸之路旅游部长会议，通过《丝绸之路国家旅游部长会议西安倡议》；2016 年举办首届世界旅游发展大会，107 个国家旅游部门参与，并提出倡议，呼吁“各国政府通过‘一带一路’倡议等举措，加强互联互通，提升旅游便利化，推进并支持区域旅游合作”。

其三，平台建设扎实推进。2013 年以来，先后成立中国驻曼谷、布达佩斯、阿斯塔纳旅游办事处，指导完成巴黎、悉尼中国旅游体验中心建设，与“一带一路”沿线 17 个国家签署了 24 份设立文化中心的政府文件，“一带一路”沿线中国文化中心总数达到 16 家，举办文化活动逾 1600 场，当地“朋友圈”不断扩大，中国文化中心成为“一带一路”沿线民众了解中华文化和我国当代发展的重要平台。

其四，品牌建设全面开展。作为传递中国声音、讲好中国故事的重要手段，先后举办中国—中东欧、中国—东盟、中国—欧盟等十余个文化年、旅游年。通过这些努力，我国与“一带一路”沿线国家旅游交往日益密切，双向旅游交流规模已超过 2500 万人次。2017 年 5 月第一届“一带一路”国际合作高峰论坛期间，我国分别与乌兹别克斯坦、智利、波兰、柬埔寨等国家签署了相关旅游合作协议。自 2015 年起连续 3 年以“美丽中国——丝绸之路旅游年”为主题进行系列宣传推广，成功打造“丝路之旅”“欢乐春节”“青年汉学研修计划”“中华文化讲堂""千年运河""天路之旅""阿拉伯艺术节"等近30个中国国际文化和旅游品牌，还推动举办了丝绸之路（敦煌）国际文化博览会、丝绸之路国际艺术节、海上丝绸之路国际艺术节等以"一带一路"为主题的综合性文化节会，成为集中彰显"一带一路"倡议感召力，不断扩大影响力的重要平台。

其五，文化遗产合作加快。文化和旅游部会同国家文物局大力推进与"一带一路"沿线国家文化遗产领域交流合作，与柬埔寨、缅甸等11个国家签署了12份文物安全及文化遗产领域双边协定和谅解备忘录，"丝绸之路：长安—天山廊道的路网"被列入联合国教科文组织世界遗产名录，海上丝绸之路联合申遗工作取得积极进展，柬埔寨吴哥古迹、缅甸蒲甘佛塔、尼泊尔震后文物古迹保护修复等重大文化援助工程社会效益显著。2013年至今，我国与"一带一路"沿线国家举办了"华夏瑰宝展""海上丝绸之路主题文物展"等文化遗产展览，有效拉近了"一带一路"沿线民众心与心的距离，为增进彼此理解认同做出了积极贡献。

4. 旅游合作仍有很大潜力

中国作为"一带一路"的倡议者和发起者，与"一带一路"沿线国家旅游联系紧密。"一带一路"沿线国家赴中国旅游游客保持稳定增长，由2013年的903万人次发展为2017年的1064万人次。中国出境到"一带一路"沿线国家的游客人次逐年攀升，由2013年的1549万人次，增长到2017年的2741万人次，五年间增长了77%，年均增速达15.34%。

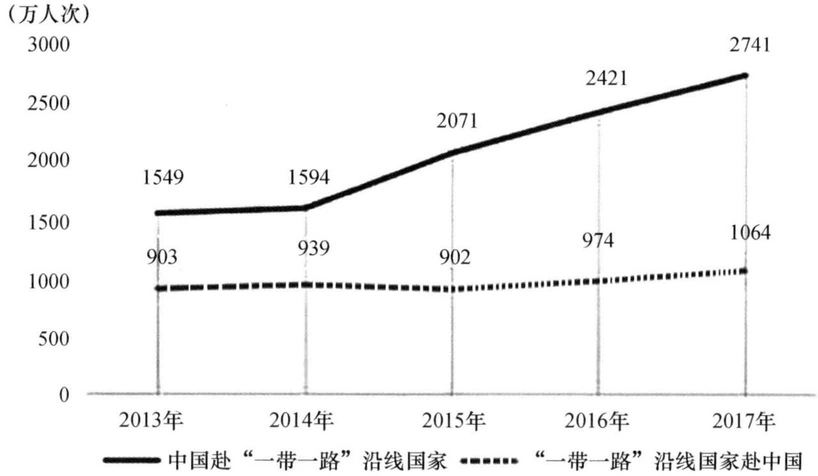

图1　中国和“一带一路”沿线国家旅游往来

资料来源：欧睿咨询。

2017 年“一带一路”沿线国家实现国际旅游收入 3851 亿美元，其中约 30.82% 由中国大陆游客贡献。中国游客是“一带一路”沿线国家入境旅游收入的主要来源。2017 年中国实现入境旅游收入 1234 亿美元，其中，由“一带一路”国家创造的份额约为 208 亿美元，占中国国际旅游收入的 16.88%，未来成长空间较大①。

“一带一路”地区跨越了世界两大主要旅游客源地和旅游目的地——欧洲和亚太地区，该区域国际旅游总量占全球总量的 70% 以上。在该区域，有不少国家竞争力和国家旅游竞争力双强的国家（见表 2），沿线国家与中国的旅游交往也

① 数据来源：中国旅游研究院（文化和旅游部数据中心）《“一带一路”旅游大数据专题报告》。

正在日益密切（见表3）。这些都为整个区域的旅游发展提供了良好条件①。

表2　“一带一路”沿线国家竞争力与旅游竞争力情况

国家竞争力强、旅游竞争力强	国家竞争力强、旅游竞争力弱
新加坡（2；11）、德国（5；3）、阿拉伯联合酋长国（12；24）、卡塔尔（16；43）、马来西亚（20；25）、法国（23；2）、中国（28；17）、爱沙尼亚（29；38）、泰国（31；35）、印度尼西亚（34；50）、西班牙（35；1）、捷克（37；37）、立陶宛（41；59）、拉脱维亚（42；53）、波兰（48；47）、巴林岛（44；60）、土耳其（43；46）、阿曼（46；65）、意大利（49；8）、俄罗斯（53；45）、保加利亚（54；49）、罗马尼亚（59；66）、匈牙利（60；41）、黑山（67；67）、斯洛文尼亚（70；39）	以色列（27；72）、阿塞拜疆（38；84）、科威特（40；103）、哈萨克斯坦（50；85）、菲律宾（52；74）、马其顿（63；82）、约旦（63；77）、越南（68；75）、格鲁吉亚（69；71）
国家竞争力弱、旅游竞争力强	**国家竞争力弱、旅游竞争力弱**
印度（71；52）、斯里兰卡（73；63）、斯洛伐克（75、61）、克罗地亚（77；33）、希腊（81；31）	摩尔多瓦（82；111）、伊朗（83；97）、萨尔瓦多（83；91）、亚美尼亚（85；89）、塔吉克斯坦（91；119）、老挝（93；96）、柬埔寨（95；105）、阿尔巴尼亚（97；106）、蒙古（98；99）、吉尔吉斯斯坦（108；116）、黎巴嫩（113；94）、埃及（119；83）、巴基斯坦（129；125）、缅甸（134；134）、也门（142；138）

注：括号后的数字分别为该经济体国家竞争力和旅游竞争力排名；在总计140个左右的国家中，竞争力排名在前70位的为较强国，70位以后的为较弱国。

资料来源：根据世界旅游经济论坛《国家竞争力报告》和《旅游竞争力报告》综合整理而成。

---

①　杜志雄、宋瑞：《“一带一路”倡议与我国城市旅游发展——以嘉峪关市为例》，《甘肃社会科学》2018年第3期。

表3 "一带一路"沿线国家与中国的游客往来

<table>
<tr><td rowspan="2">旅游往来相对频繁的国家（出入境旅游人次中有一项超过10万，含10万）</td><td>来华旅游人次小于接待中国游客人次</td><td>泰国、白俄罗斯、越南、马来西亚、新加坡、俄罗斯、亚美尼亚、印度尼西亚、柬埔寨、菲律宾、蒙古、马尔代夫、老挝、斯洛伐克、哈萨克斯坦、捷克、印度、伊朗、尼泊尔、缅甸、巴基斯坦、乌克兰、土耳其、西班牙、意大利、法国、德国</td></tr>
<tr><td>来华旅游人次大于接待中国游客人次</td><td>马来西亚、新加坡、菲律宾、泰国、印度尼西亚、哈萨克斯坦、缅甸、乌克兰、伊朗、巴基斯坦、土耳其、尼泊尔、捷克、白俄罗斯、斯洛伐克、马尔代夫、亚美尼亚、老挝</td></tr>
<tr><td>旅游往来相对不频繁的国家（出入境旅游人次没有一项超过10万）</td><td colspan="2">阿尔巴尼亚、阿富汗、阿拉伯联合酋长国、阿曼、阿塞拜疆、埃及、爱沙尼亚、巴勒斯坦、巴林、保加利亚、波黑、波兰、不丹、东帝汶、格鲁吉亚、黑山、吉尔吉斯斯坦、卡塔尔、科威特、克罗地亚、拉脱维亚、黎巴嫩、立陶宛、罗马尼亚、马其顿、孟加拉国、摩尔多瓦、塞尔维亚、沙特阿拉伯、斯里兰卡、斯洛文尼亚、塔吉克斯坦、土库曼斯坦、文莱、乌兹别克斯坦、匈牙利、叙利亚、也门、伊拉克、以色列、约旦</td></tr>
</table>

资料来源：根据原国家旅游局编纂的《"一带一路"各国旅游发展》一书整理而成。

近年来，"一带一路"沿线各国积极发展旅游业，纷纷出台相关政策，促进本国入境旅游的发展。根据世界旅游组织提供的数据，近年全球旅游增长保持在3%—4%区间，而"一带一路"沿线国家/地区中有30多个，其入境旅游保持了高于5%的年均增长速度，明显高于全球总体增速。

表4　2015年"一带一路"沿线国家/地区中入境旅游人次年均增长率5%以上的经济体

	所属经济走廊	（人次）	2010—2015年增长率
缅甸	孟中印缅	3081000	31.2%
吉尔吉斯斯坦	中伊土	2849000	27.2%
不丹	孟中印缅	134000	26.7%
格鲁吉亚	新亚欧	5516000	22.1%
斯里兰卡	孟中印缅	1527000	18.5%
老挝	中新	3164000	13.6%
柬埔寨	中新	4503000	12.4%
亚美尼亚	新亚欧	1204000	12.0%
伊朗	中伊土	4967000	11.1%
阿塞拜疆	新亚欧	2160000	11.0%
沙特阿拉伯	中伊土	18259000	11.0%
卡塔尔	中伊土	2826000	10.7%
马其顿	新亚欧	425000	10.2%
越南	中新	7874000	9.3%
泰国	中新	24810000	9.3%
阿尔巴尼亚	新亚欧	3341000	8.8%
哈萨克斯坦	新亚欧	4560000	8.8%
马尔代夫	孟中印缅	1205000	8.8%
塞尔维亚	新亚欧	1029000	8.5%
东帝汶	中新	60000	8.4%
波黑	新亚欧	536000	8.0%
俄罗斯	中俄蒙	32421000	7.8%
中国香港		27770000	6.7%
摩尔多瓦	新亚欧	11000	6.6%
菲律宾	中新	4833000	6.5%

续表

	所属经济走廊	（人次）	2010—2015年增长率
立陶宛	新亚欧	2063000	6.5%
印度尼西亚	中新	9435000	6.1%
拉脱维亚	新亚欧	1843000	6.1%
塔吉克斯坦	中伊土	213000	5.9%
印度	孟中印缅	7679000	5.9%
尼泊尔	孟中印缅	790000	5.6%
新加坡	中新	11864000	5.3%
斯洛文尼亚	新亚欧	2411000	5.2%
波兰	新亚欧	16000000	5.1%
匈牙利	新亚欧	12140000	5.0%
克罗地亚	新亚欧	11623000	5.0%

资料来源：根据世界旅游组织年度报告整理而成。

随着"一带一路"旅游合作的推进，促进了沿线国家的旅游可持续发展，提高了地方社区福利，保护了沿线文化与自然遗产。我们可以期待，通过各方的积极努力，"一带一路"旅游发展将经历从松散联盟走向一体化的过程。未来有可能成为一个大的旅游区，甚至是旅游自由贸易区。沿线国家将通过旅游基础设施联通、服务标准对接、品牌共享与联合市场营销、天空开放、单一签证、安全联动等合作，逐步实现旅游一体化①。

① 杜志雄、宋瑞：《"一带一路"倡议与我国城市旅游发展——以嘉峪关市为例》，《甘肃社会科学》2018年第3期。

二　发现：中国与中东欧三国旅游交流合作

（一）中国与中东欧旅游交流合作

1. 加强与中东欧合作具有重要意义

中东欧南扼亚得里亚海和黑海可进入地中海，北临波罗的海，16国人口占全球总人口的1.7%，国内生产总值约占全球经济总量的2%，人均国内生产总值1.3万美元。就国家数量而言，中东欧占“一带一路”沿线国家的1/4。因此，不管是从地理位置、地缘政治而言，还是就经济地位、经贸往来来看，加强与中东欧的交流合作均具有重要意义。

2012年以来，在“16+1”合作框架下，中国与中东欧的联系日益紧密。2013年“一带一路”倡议提出后，又进一步强化了合作机制，拓宽了合作领域。目前，中国与中东欧16国正朝着多层级、宽领域的合作格局迈进。交流层级涵盖国家领导人会晤、部长级会议、协调员会议、地方领导人会议等，合作领域涉及经贸、农业、旅游、教育、文化等。

中国与中东欧16国传统友谊深厚，合作历史悠久。近年来，中东欧国家整体经济呈增长态势，发展潜力巨大。新形势下，双方增进相互了解、加强经贸合作的意愿十分强烈。2012年启动的“16+1”合作积极推动了中国与中东欧16国的关系。目前，16国成员已全部纳入“一带一路”倡议框架下，成为“一带一路”倡议经营的重要区域之一。

2. 中国与中东欧旅游合作全面推进

在"16+1"合作和"一带一路"倡议大背景下，中国同中东欧16国已搭建起了一个多层级（国家领导人会晤、部长级会议、协调员会议、地方领导人会议）、宽领域（经贸、农业、旅游、教育、文化等）、全方位（中央政府、地方政府、企业、智库学界等）的网状交流与合作平台。近年来，中国—中东欧国家旅游合作深入发展，双向旅游交流规模不断扩大，旅游合作已成为中国—中东欧国家合作的新增长点。

2012年4月首次"16+1"领导人会晤在波兰首都华沙举行。同年中国—中东欧国家合作秘书处在北京成立，并举行首次各国协调员会议，标志着中国—中东欧国家合作进入了一个全新的阶段；2013年，首次中国—中东欧国家地方领导人会议在重庆召开，使"以经贸合作为方式、以地方合作为平台"的中国—中东欧合作进一步具体化，在"布达佩斯原则"和"布加勒斯特原则"指引下，2013年中国与中东欧友好城市活动达到一个高峰，当年双方11对城市结好。

国务院印发的《关于促进旅游业改革发展的若干意见》也指出，要围绕丝绸之路经济带建设，推动中国同中东欧的区域旅游合作。2013年11月26日，中国与中东欧共同发表的《布加勒斯特纲要》，为进一步推进双方的旅游合作奠定了基础，支持建立中国—中东欧国家旅游促进机构和旅游企业联合会。

2014年5月22日，中国—中东欧国家旅游促进机构和旅游企业联合会协调中心在匈牙利布达佩斯成立，《中国—中东欧旅游促进机构与旅游企业联合会行动计划》同时签署。这是中国—中东欧合作框架下的6个多边合作机制之一，在互送客源、相互支持宣传推广等方面深化中东欧16国与中国的旅游合作，建立并分享旅游数据库，开通中英文双语"16＋1"旅游合作网站，推出适合中国、中东欧游客的精品旅游线路。16个中东欧国家与中国国家旅游局签署了一项协定，在匈牙利布达佩斯成立了中国—中东欧国家旅游促进机构和旅游企业联合会协调中心，并举行了第一次高级别会议，签署了议定书。2014年6月，中国宁波市与8个中东欧国家城市缔结友好关系，分别与罗马尼亚克卢日纳波卡市、阿尔巴尼亚杜拉斯市、拉脱维亚文兹皮尔斯市、斯洛伐克马丁市、立陶宛阿利图斯市签署了《两市建立友好关系协议书》，与马其顿比托拉市签署《两市建立友好关系备忘录》，与塞尔维亚克拉古耶瓦茨市签署了《两市建立交流关系备忘录》，与斯洛文尼亚马里博尔市签署了《两市加强经贸教育合作备忘录》。2014年11月，中国国际旅游交易会中国—中东欧国家旅游产品专场推介会在中国上海举行。

2015年3月，中国—中东欧国家旅游合作促进年启动仪式在匈牙利布达佩斯举行。2015年8—9月，第二次中国—中东欧国家旅游部门高级别会议在斯洛文尼亚布莱德举行。这些机制和会议的举办，有力推动了双方旅游合作的深入发展。

总体来看，中国与中东欧旅游合作有如下特征。

(1) 合作机制、机构与平台

中东欧16国均为我国公民出境旅游目的地（Approved Destination Status，ADS）。近年来，依托“一带一路”倡议和“16+1”合作大背景，中国与中东欧16国旅游合作构建了多层面、全方位的旅游合作平台、机制和机构。2014年5月，中国—中东欧国家旅游促进机构及企业联合会在布达佩斯成立。2016年3月，中国驻布达佩斯旅游办事处正式成立，这是中国国家旅游局在中东欧地区设立的第一个办事处。2014年至今，中国和中东欧16个国家已召开过四次旅游合作高级别会议。捷克、波兰等国在中国成立多个旅游办事处，并在中国各地举办多种形式的营销活动。

表5　　　中国—中东欧国家旅游合作高级别会议

顺序	时间	地点	研究事项及达成成果
首次	2014年5月22日	匈牙利首都布达佩斯	与会各方讨论通过并签署了《中国—中东欧国家旅游合作首次高级别会议纪要（含行动计划）》；中、匈双方官员共同为设在布达佩斯的中国—中东欧国家旅游促进机构和旅游企业联合会协调中心揭牌
第二次	2015年9月2日	斯洛文尼亚布莱德	讨论了2016年中国—中东欧旅游合作关系计划和2016年中国—中东欧旅游促进机构与旅游企业联合会协调中心关于航线、线路和产品的宣传推广战略和行动方案；呼吁有关各方充分利用中国—中东欧国家旅游合作促进年的有利契机，通过积极参与中国“一带一路”倡议，进一步深化中国—中东欧国家之间的旅游关系，努力扩大中国—中东欧国家之间的游客往来规模；中国与中东欧16国共同签署了《中国与中东欧国家旅游合作积极参与“一带一路”倡议意向书》

续表

顺序	时间	地点	研究事项及达成成果
第三次	2017 年 11 月 24 日	波黑首都萨拉热窝	与会各方代表就进一步深化中国与中东欧各国间的旅游合作展开磋商
第四次	2018 年 9 月 18—20 日	克罗地亚杜布罗夫尼克	与会各方总结了近年来在"16 +1"框架下中国和中东欧国家的旅游合作经验，并就进一步加强交流与合作，促进旅游资源整合与人员交流达成多项共识。与会各国代表 19 日共同签署了媒体声明，中国与克罗地亚还签署了关于旅游合作的谅解备忘录

（2）中国与中东欧旅游年

中东欧国家连年参加中国国际旅游交易会、世界旅游经济论坛等重大活动，中国国内多个省区市先后在中东欧多国举办系列活动。中国与中东欧国家成功举办"中国—中东欧国家旅游合作促进年"。

（3）签证与航线

在签证便利化方面，2016 年，中国对中东欧 16 国公民实行 72 小时过境免签政策，塞尔维亚成为首个与中国互免普通护照签证的中东欧国家；2018 年，中国和波黑持普通护照公民互免签证协定正式生效；匈牙利等国家在中国增设多个签证中心。在往来航班方面，中国国航等航空公司先后开通北京到布达佩斯、布拉格和华沙等地的 6 条航线。

3. 游客往来增速明显

随着"一带一路"倡议的实施尤其是"16 +1"合作的深入，中国赴中东欧旅游规模成倍增长。2011—2016 年，中国与中东欧国家双向旅游交流人数由50.7万人次增长到124.9万人次，增长146.3%。2017年，中国公民赴中东欧16国旅游总人次达到137万，同比增长47%。2013年至2017年，中国公民赴中东欧地区旅游人次累计增幅高达221%，年均增幅超过26%。在中东欧16国中，最受中国游客欢迎的是捷克、匈牙利、克罗地亚和波兰，2017年中国公民赴上述四国旅游人次分别达到49万、23万、16万和13万。全球著名的旅游咨询公司Forward Keys和欧洲旅游委员会共同执行的一项调查显示，2018年5—8月，中国游客赴中东欧国家旅游数量同比增加了10.3%。与此同时，中东欧赴华旅游总量有限、增幅较大，但内部存在较大差异。2016年，中东欧国家赴中国旅游人数为30.98万人，同比增长15.6%。同比2009年（18.41万），累计增幅超过68%。

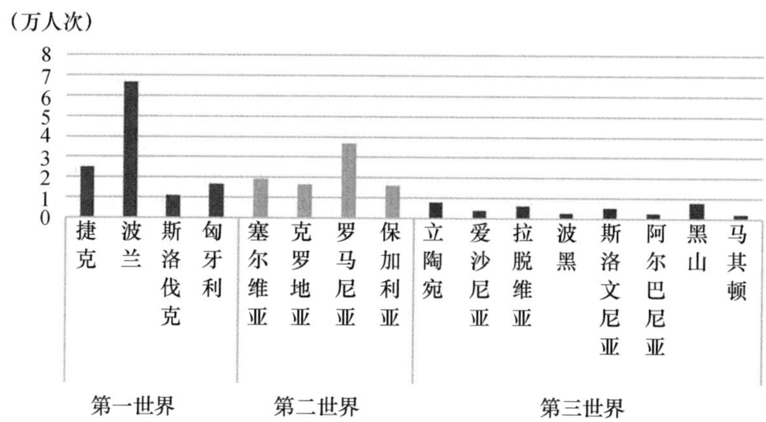

图2　2017年1—9月中东欧国家旅华人数

资料来源：国家旅游局数据中心。

但相较于 1.2 亿人口总规模，该地区赴中国游客总量仍有限。综合考虑国家大小、人口规模等因素，匈牙利、波兰、罗马尼亚和捷克客源占比重较大。

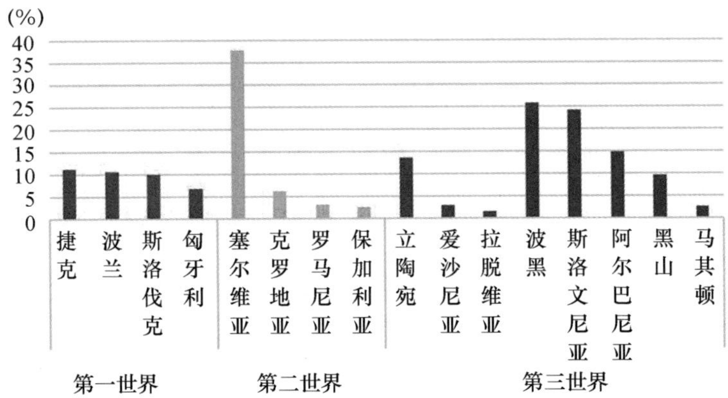

图 3　2017 年 1—9 月中东欧国家旅华人数增幅

资料来源：国家旅游局数据中心。

（二）中国与波兰、捷克、匈牙利三国旅游交流合作

波兰、捷克、匈牙利同属区域合作组织——维谢格拉德集团。近年来，中国与维谢格拉德集团一直保持着良好的政治经济关系。在"一带一路"倡议和"16 + 1"合作框架下，中国同波兰、捷克、匈牙利三国在旅游领域的合作得到长足发展。

1. 中波旅游交流合作面临最好时机

中波两国长期友好，自 2011 年建立战略伙伴关系以来，各领域合作不断深化。"16 + 1"合作机制的建立和"一带一路"倡议的实施又为两国进一步合作提供了有利条件。习近平总书记访问波兰后，两国之间交往更加密切。正如波兰前驻华大使克日什托夫·舒姆斯基所指出的，目前是波兰与中国合作的最好时机。

中国和波兰有35对友好城市。2016年9月波兰在北京、上海、广州和成都设立签证申请中心，此后还在长沙、济南、沈阳、西安、杭州、南京、福州、深圳、重庆和昆明设立新的签证申请中心，目前签证中心数量达到14个。中波双方签署了包括海关管理、深化中欧班列、旅游合作等在内的一系列文件。其中《波兰共和国政府和中华人民共和国政府在旅游领域的协定》于2018年3月6日生效。2017年由北京联合大学与波兰托伦哥白尼大学共同建立的“中波旅游文化中心”成立仪式在北京联合大学举行。在现代旅游和管理学领域，两校的交流将为中波两国学术合作提供更多可能性。

波兰体育和旅游部官员表示，波兰积极参与“16+1”旅游合作，希望加强两国之间的旅游往来。近年来，到波兰的中国游客数量增长很快，过去十年增加了650%。2016年到波兰的中国游客8万人，2017年达到13万人。中国游客通常在波兰度过3天2夜，团体旅游占主导地位。中国旅行团更愿意访问大城市，主要包括华沙、格但斯克、佛罗兹瓦夫和克拉科夫。近年也有中国旅行社组织仅赴波兰一国的旅游。其中最引人注目的是2016年凯撒旅行社组织的为期10天的波兰之旅。波兰方面高度重视中国市场。在波兰旅游组织编写的《2012—2020年波兰旅游部门营销战略》中，中国在波兰入境旅游最重要的国家名单中名列第二（仅次于德国）。与此同时，波兰到中国旅游的游客增长也很快，每年有数以百万计的波兰游客出国旅游。在这方面，波兰是中东欧地区的领头羊。

2. 中捷游客往来增速明显

捷克与中国两国都拥有深厚的文化底蕴，两国人民素来相互欣赏彼此的文化。在“16 + 1”合作和“一带一路”倡议的推动下，中捷政治关系、经贸合作和人文交流飞速发展。自2012 年起，捷克政府在对华关系上逐渐采取务实态度。特别是2014 年年初以捷克社会民主党为首的联合政府上台后，把发展中捷关系作为对外政策优先方向之一。目前，捷克是中国在中东欧地区的第二大贸易伙伴国，是欧盟国家仅次于德国、斯洛伐克、比利时和匈牙利的第五大对华出口国。中国也成为捷克第四大贸易伙伴国、第二大进口来源国。

随着两国政治、经济、人文、技术等各领域交流与合作向纵深发展，旅游交流更加频繁。2014 年 11 月，中捷两国签署了关于旅游合作的谅解备忘录。2015 年，访问捷克的中国游客数量急剧增长，达到 28.5 万人次，2016 年访问捷克的中国游客数量达 35.4 万人次，2017 年该数字更是达到了50 万人次。

目前，捷克旅游局在北京、上海和香港设立了代表处。北京、上海、成都和西安与布拉格实现了直航。中国怡海集团与捷克弗兰季谢克温泉有限公司签署了关于以 1 亿欧元收购和修缮西捷克州旅游基础设施的协议，计划将弗兰季谢克温泉镇打造为引入中国养生元素的欧洲中高档旅游、养生目的地。中国华信能源有限公司收购捷克最大的旅游零售商“Invia”90%的股权，以促进两国旅游合作。

3. 中匈旅游交流合作稳步推进

中匈传统友谊深厚。匈牙利于2015年成为欧洲第一个和中国签订“一带一路”谅解备忘录的国家，并于2016年同中国设立并启动“一带一路”工作小组机制。匈牙利首都布达佩斯是“16+1”合作的发起地。随着2015年3月中国—中东欧国家旅游合作促进年的启动，“你好，匈牙利”中国游客赴匈旅游交流活动相继进行。2015年5月，中国国航开通北京至布达佩斯直航；同月，中国—中东欧国家旅游促进机构和旅游企业联合会在布达佩斯成立。

在中东欧16国中，匈牙利是中国人出境旅游的第二大目的地国，仅次于捷克。目前，中国国际航空公司每周有三个航班往返于两国首都之间，前往匈牙利的航班在明斯克一站短暂经停。除北京和上海签证中心外，沈阳、杭州、深圳、武汉、昆明、西安等11个签证分中心陆续设立。携程旅行网与匈牙利国家旅游局签署的战略合作协议，由中匈两国领导人见签，体现了对旅游经贸合作的重视。目前，除团队线路外，个人自助游也日趋普遍，且呈现主题化、深度游趋势。就旅行社包价产品而言，奥地利、匈牙利和捷克是一条经典线路，被称为“金三角”（维也纳—布达佩斯—布拉格），也有更多国家被列入其中。相对于中国入境匈牙利旅游人数，匈牙利赴中国旅游的人数较少。调研中匈牙利旅游业界人士表示，尽管中国历史悠久，文化灿烂，风景优美，但推广形式和营销效果有待提升。

三　充分发挥旅游在推进“一带一路”倡议实施中的重要作用

（一）深入推进“一带一路”倡议

1. 讲好“一带一路”民心相通的友好故事

加大“一带一路”倡议的宣传力度，讲好“一带一路”民心相通的友好故事，科学、全面、权威的介绍，以新媒体、微视频、纪录片、电视专题节目等方式广泛宣传。要充分进行调动旅游者、旅行社、旅游企业的积极性，绘就“一带一路”民心相通的美好画卷。

2. 加强智库交流合作促进政策沟通

“一带一路”涉及国家众多，国情差别巨大，要充分利用高等院校、科研单位的力量加强研究、组织交流、开展合作、培养人才。要充分发挥“一带一路”智库合作联盟的作用，凝聚国内外各方力量，围绕“一带一路”建设开展政策性、前瞻性研究，为中国及沿线国家政府建言献策，增进国家间政策沟通，同时以智库交往带动人文交流，通过中外智库共同发布联合研究报告等方式，增进“一带一路”沿线民众对倡议的准确理解，增进民众之间的友好感情，为“一带一路”建设营造良好的舆论氛围，打造坚实的社会民意基础。

（二）促进“一带一路”旅游合作、文明交流互鉴

1. 加大协调力度　促进旅游合作

为了充分发挥“16 + 1”旅游合作高级别会议以及中国—中东欧国家旅游促进机构和企业联合会等的作用，建议文化和旅游部加强与外交部的沟通与合作，与中国—中东欧国家合作秘书处建立常态化沟通机制，一方面把旅游作为“16 + 1”合作的重点领域给予高度重视；另一方面加强对相关工作的引导，积极推进中国—中东欧旅游合作高级别会议、旅游促进机构和企业联合会的各项工作。

2. 描好旅游合作精谨细腻的“工笔画”

这 16 个国家不仅自身存在较大发展差异，而且与中国的历史渊源、经济往来、文化和旅游交流也各不相同。仅从是否属于欧盟成员、申根区、欧元区等方面来看，就有较大差别，结合各国的情况以及与中国的旅游关系，从旅游的角度制定不同的合作策略。

3. 做好民心相通工作

充分发挥中国—中东欧国家智库交流与合作网络的作用，强化旅游专业研究领域的交流与合作，为推动中国与中东欧旅游发展提供更多智力支持。同时，要充分发挥世界旅游联盟、世界旅游城市联合会、国际山地联盟、中国旅游协会等国际组织和行业协会的作用，调动相关企业和文化名人的积极性，共

同推动中国与中东欧的文化和旅游交流合作。

4. 促进双向旅游

推进对外文化与旅游工作的全面融合，加强与驻对外旅游促进工作，进一步丰富“欢乐春节”的内容，并与旅游活动、旅游项目、目的地营销等紧密结合，同时打造系列具有国际影响力的文化活动，提升重磅展览的数量和质量，吸引入境旅游者，通过旅游传播中国文化、体现中国软实力。

5. 加强“一带一路”旅游信息沟通

目前中国已建立“中国—中东欧国家合作”网站，但网站发布的政治、外交等方面信息较多，旅游专业信息很少。旅游行政管理部门暂未有针对中东欧国家游客的官方旅游宣传网站。中东欧 16 国中仅有捷克提供中文官方旅游宣传网站。为此建议，旅游行政管理部门、旅游营销机构、旅行社（如携程、途牛、国旅、中青旅、中旅、凯撒旅游等）等加强旅游信息化建设，同时充分利用微博、微信、微论坛等开展旅游宣传推广。

“一带一路”倡议与西巴尔干地区发展

陈国平　邵滨鸿　田　旭*

“一带一路”倡议自提出以来已得到了沿线国家的积极响应，取得了一系列重要的合作成果。

一　“一带一路”倡议深度对接西巴尔干地区国家发展要求

借助塞尔维亚和黑山等地处西巴尔干地区的国家与中国的双边关系不断深化，“一带一路”倡议在该地区开花结果。塞匈铁路、克罗地亚佩列沙茨跨海大桥以及黑山南北高速等一批重

---

* 陈国平，中国社会科学院法学、国际法所联合党委书记；邵滨鸿，中国社会科学院世界经济与政治研究所研究员；田旭，中国社会科学院世界经济与政治研究所国际政治经济学研究室助理研究员。

大项目在西巴尔干地区相继落地，成为“一带一路”倡议的名片，获得所在国政府和人民的高度评价。

（一）西巴尔干地区的发展需求

“西巴尔干”不仅承载着该区域的地缘内涵，而且隐含着它们与欧盟国家之间在政治、经济、法律乃至社会层面上的诸多差异。[①] 经济上，当前西巴尔干地区的经济和社会发展较之南斯拉夫时代仍存在差距。受到 20 世纪 90 年代的区域动荡及 2008 年全球金融危机的影响，该地区的经济复苏举步维艰。通过与欧盟国家的长期合作与交流，西巴尔干国家的法律体系逐步以欧盟标准为标杆进行了相应改革。

整体而言，该区域的国家发展的愿望十分强烈，以期共享全球化带来的发展机遇。西巴尔干国家重视与中国的传统友谊，与中国的双边关系良好，彼此政治互信度较高。“一带一路”倡议提出后，得到了西巴尔干国家的积极响应，各国希望能够借助“16 +1”合作和“一带一路”倡议促进共同发展。

---

① 对于“西巴尔干”这一名词的用法，目前仍然存在争议。在一些学者看来，欧盟运用其在欧洲大陆的话语权，将这一区域塑造成一个不同于欧盟的它者。如都铎洛娃认为，尽管从字面上看，西巴尔干是一个中立的地理概念，但在政治和文化语境中，这一名词承载了太多的历史负担。受欧盟影响，中国学者在近期开始用“西巴尔干”来替代之前所使用的中欧和东南欧等概念。由于本文使用大量来自欧盟的官方或学术文献，因此沿用“西巴尔干”这一概念。参见 Maria Todorova，Imaging the Balkans，Oxford：Oxford University Press，1996；Pål Kolstø，“‘Western Balkans’ as the New Balkans：Regional Names as Tools for Stigmatisation and Exclusion”，*Europe-Asia Studies*，68：7，1245 –1263，2016。

从具体国来看，克罗地亚已于2013年加入欧盟，是前南地区中经济较为发达的国家，经济基础良好。旅游、建筑、造船和制药等产业发展水平较高。2017年，克罗地亚的国内生产总值为548.6亿美元，国内生产总值增长率为2.8%，人均国内生产总值为13300美元，位列世界银行的高收入国家行列。通货膨胀率为1.1%，失业率为11.2%，整体而言经济发展状况较好。旅游业是该国的支柱产业，是克罗地亚国民经济的重要组成部分和外汇收入的主要来源。2016年，克罗地亚旅游收入86.35亿欧元，占国内生产总值的18.9%。2016年游客数量为1559.4万人次，同比增加8.7%；游客过夜天数为7805.0万天，同比增加9%。游客主要来自德国、斯洛文尼亚、意大利、奥地利和波兰等国。主要风景区有亚得里亚海海滨、普利特维采湖群和布里俄尼岛等。[①] 塞尔维亚近年来经济呈现增长势头，国民经济稳中有升。2016年国内生产总值42619亿第纳尔，约合383亿美元，同比增长2.8%。通货膨胀率为1.2%，失业率为15.3%。人均国内生产总值为603816第纳尔，约合5426美元，位列世界银行的中等收入国家行列。农业在塞尔维亚经济中占有重要地位。土地肥沃，雨水充足，农业生产条件良好。农业土地为506万公顷，主要集中在北部的伏伊伏丁那平原和塞尔

---

① 《克罗地亚国家概况》，中华人民共和国外交部，https：//www. fmprc. gov. cn/web/gjhdq_676201/gj_676203/oz_678770/1206_679306/1206x0_679308/［2019－02－02］。

维亚中部地区。[①] 在这三个国家中，黑山的国土面积、经济体量和人口数量都最少。2016 年，黑山国内生产总值为 58.97 亿美元，增长率为 4.4%，通货膨胀率为 0.1%，失业率为 18.3%，人均国内生产总值为 9067 美元。旅游业和制铝工业是黑山的经济支柱，近年来随着外部环境改善及各项经济改革推进，黑山经济逐步恢复，总体呈增长态势。黑山经济存在的主要问题是：基础设施落后，能源匮乏，经济规模小，商品缺乏竞争力，外贸逆差严重。[②]

（二）“一带一路”倡议深度对接地区发展

该地区国家对于连接欧亚，实现互联互通具有重要意义。区内国家克罗地亚经过 10 年的入盟谈判，已于 2013 年成功加入欧盟，是该地区最新加入欧盟的国家。塞尔维亚是南斯拉夫的主要继承国，其经济体量和区域影响力在该地区国家中最为突出，并已于 2014 年 1 月 21 日开始了入盟谈判。黑山的国土面积和人口数量相对较小，但该国使用欧元，并已加入北约，初步完成了加入欧盟所需的审核。同时，黑山的入盟进程走在该地区前列，自 2012 年 6 月 29 日开始入盟谈判起已启动 33 个章

---

① 《塞尔维亚国家概况》，中华人民共和国外交部，https：//www. fmprc. gov. cn/web/gjhdq_676201/gj_676203/oz_678770/1206_679642/1206x0_679644/［2019－02－02］。

② 《黑山国家概况》，中华人民共和国外交部，https：//www. fmprc. gov. cn/web/gjhdq_676201/gj_676203/oz_678770/1206_679258/1206x0_679260/［2019－02－02］。

程（共35个章程）的谈判工作。此外，塞尔维亚和黑山两国政局相对稳定，国家治理水平较高。可以说，克罗地亚、塞尔维亚和黑山三国是该区域最具代表性和发展潜力的国家。

随着中国—中东欧国家“16 + 1”合作框架以及“一带一路”倡议在该地区相继落地，该地区迎来了一波新的发展机遇。该地区的巨大基础设施建设缺口与“一带一路”倡议设施联通高度契合，为该地区国家发展提供了不容错过的发展机遇。

整体而言，西巴尔干地区制度基础较好、市场潜力较大、发展目标较为明确以及与中国双边关系稳定，这些都是“一带一路”在该区域顺利推进的机遇和条件。更为重要的是，该地区国家有很强的意愿去改善自身基础设施建设，为该地区进行“一带一路”建设提供了有利条件：

首先，西巴尔干地区制度基础较好。受益于南斯拉夫时期的经济发展和社会进步，该区域的相关法律和政策规则体系较为完善。国家的基本法律制度框架较为完整。同时，西巴尔干劳动力素质较高但价格相对较低，这是外在于制度基础的额外红利。此外，西巴尔干国家与欧盟保持着长期的往来，在政府治理和法制法规等方面都在向欧盟标准靠拢。这为中国企业适应欧盟制度体系提供了缓冲。通过在这个区域开展基础设施建设，有助于中国企业适应欧盟标准和法律安排。

其次，西巴尔干地区经济发展潜力较大。目前，区域国家正在积极融入全球经贸治理体系，如波黑和塞尔维亚正在进行加入世界贸易组织的谈判，世界银行和国际货币基金组织也与这些国家展开合作。同时，西巴尔干临近欧盟和土耳其等重要市场，区位优势明显，与周边重要国家签有区域自贸协定。例如，欧盟对西巴尔干国家提供税收优惠，免除大部分产品的关税，推动西巴尔干地区的出口贸易和经济增长。2017 年柏林议程的里雅斯特峰会商定了在西巴尔干地区成立共同经济区，为西巴尔干在整体上与欧盟市场联通做铺垫。尽管存在系列自贸安排，西巴尔干地区的经济发展潜力尚未完全释放，国家财力有限，对基础设施建设有心无力。在此情况下，寻求外部市场的资金和技术支持就成为西巴尔干在当前阶段谋求经济发展的首要任务。

最后，在与中国的双边关系上，以塞尔维亚为代表的西巴尔干地区国家重视与中国的传统友谊。区域国家与中国之间政治互信度较高，与中国的双边关系在“16 + 1”合作框架下不断升温。如中国与塞尔维亚双边关系在近年发展势头强劲，双方于 2016 年将原有战略伙伴关系提升为全面战略伙伴关系，显示了双方对彼此的信任以及对未来进一步合作的期待。

整体而言，西巴尔干地区是“一带一路”倡议的重要延伸。西巴尔干地区的发展要求不仅为“一带一路”倡议的落地和推进提供了良好的机遇，该地区的“准欧盟”身份更为中国企业进入欧洲深处提供了一个平台。

二　“一带一路”倡议的发展成就与务实合作

西巴尔干的区位优势、经济潜力、市场条件以及对欧关系是中国企业参与“一带一路”建设的重要考量。相较于欧盟企业在该地区的长期存在，中国企业直到2010年前后才开始逐渐进入西巴尔干市场。随着中国—中东欧国家“16+1”合作框架以及“一带一路”倡议的深入推进，一批极具代表性的项目相继落地，凸显了中国与该区域国家高水平的合作。

（一）发展新机遇

历经多年深耕细作，中企在西巴尔干地区参与建设的“一带一路”项目从融资渠道到项目类别均逐渐实现了多元化，并实现了一系列从无到有的突破[①]，其中以中国路桥集团公司承接的基础设施建设项目最具代表性。首先，在塞尔维亚，建成于2014年的泽蒙—博尔察大桥是中国建筑企业在欧洲国家承建的第一个大型基础设施工程，也是中国在欧洲修建的第一座大桥，是该国自20世纪末以来第一个在预算范围内按时且优质完工的大型建设项目，解决了此前只有一座桥所造成的拥堵，被喻为中国企业在中东欧市场的“第一张名片”；首都贝尔格莱德正在

---

① 本文中关于中国企业在西巴尔干地区的项目信息和具体数据均来自作者在西巴尔干地区与当地中资企业的访谈，若未进行特殊标注的数据均为通过访谈所获得。

建设的工业园是东南欧地区的第一个中国工业园区，也是塞尔维亚第一个国家级产业园区；塞匈铁路更是“一带一路”倡议与“16+1”合作的旗舰项目。其次，中国路桥于2017年中标的佩列沙茨大桥将连接克罗地亚被波黑隔断的两部分国土，是由中国工程承包商实施的第一个欧盟基金项目，标志着中国路桥已成功打开欧盟市场，具备比肩欧美顶尖基建公司的国际竞争力。最后，黑山南北高速是黑山的第一条高速公路，是黑山经济发展的命脉。中国路桥承建的第一标段桥隧比超过60%，体现了中国企业“逢山开路、遇水搭桥”的开拓精神。且中国路桥已与黑山政府签订了以公私合营方式（PPP）承建南北高速剩余第二和第三标段的谅解备忘录。

1. 助力塞尔维亚融入泛欧交通运输网络的塞匈铁路和E763高速公路

泽蒙—博尔察大桥（Zemun-Borca Bridge and Access Road Project）被喻为多瑙河上的明珠，缓解了以往贝尔格莱德市民只能通过一座大桥联通多瑙河两岸的拥堵。大桥及附属连接线项目由中国路桥工程有限责任公司承建。泽蒙—博尔察大桥总长1482米，合同金额约为2.73亿美元，其中85%的资金是中方提供的15年期低息贷款。项目的建成极大地改善了当地的交通现状，带动了多瑙河两岸的经济发展。该项目是塞尔维亚20多年来第一个按期保质保量完工的大型基础设施项目。2014年12月18日，中国国务院总理李克强和塞尔维亚总理亚历山大·武契奇出席通车剪彩仪式，并对大桥的建设给予了高度评价，李克强总理在发言中亲切地称呼泽蒙—博尔察大桥是连接中塞人民心灵的友谊桥。基于双方在泽蒙—博尔察大桥项目上的良好合作关系，中国路桥在塞尔维亚逐步承接了一系列的基础设施工程，其中就包括 E763 高速公路中的两段。2017 年 11 月 27 日，在匈牙利举行的第六届中国—中东欧国家领导人会晤中，中交集团与塞方签订 E763 高速公路 Preljina-Pozega 段项目商务合同。合同金额约为 5.23 亿美元。而苏尔津—奥布雷诺瓦茨段为 E763 高速公路塞尔维亚境内起始段，全长 17.582 千米，与在建的 E763 高速公路段衔接。本项目包括一座 1581 米长的跨萨瓦河大桥，合同金额约为 2.33 亿美元，目前项目进展良好。

正在建设进程中的塞匈铁路是“一带一路”倡议下中欧合作的旗舰项目。塞匈铁路是连接布达佩斯和贝尔格莱德的一条国际铁路线，全长 350 千米，其中匈牙利境内 166 千米，塞尔维亚境内 184 千米。该铁路始建于 19 世纪末，绝大部分路段是单线，屡遭战乱破坏，加上年久失修，设备严重老化，其面貌和“二战”前差不了太多，平均时速只有 35—40 千米。[①] 2013 年 11 月，在第二次中国—中东欧国家领导人会议上，中国、匈牙利和塞尔维亚三国宣布合作改造升级塞匈铁路，以改善中东欧国家的基础设施，促进中国与中东欧国家的经济合作。2014

① 《匈塞铁路，中欧共建“一带一路”的旗舰》，2019 年 2 月 2 日，新华网，http：//www. xinhuanet. com/world/2016 – 11/06/c_129352644. htm。

年12月，中、匈、塞三国正式签署合作建设塞匈铁路谅解备忘录。2015年6月，中匈两国签署关于共同推进“一带一路”建设的谅解备忘录，正式将塞匈铁路建设纳入“一带一路”框架之中。塞尔维亚总统武契奇说，塞匈铁路项目的启动是塞中务实合作的又一个重大突破，也是两国战略伙伴关系水平进一步提升的充分体现，对“16+1”合作深入发展具有重要意义。此外，匈牙利外交与对外经济部中国司司长梅萨洛什·马尔塔也表示：“塞匈铁路项目是‘一带一路’合作共赢的典范，不仅中国、匈牙利和塞尔维亚等直接参与方可以从中受益，而且中东欧乃至整个欧洲都可以共享这条连接中国与欧洲的经济走廊带来的好处。塞匈铁路项目的意义不仅仅是三个国家合作完成一条铁路的现代化改造，更在于打造一条中欧贸易的国际大通道，带动沿线国家共同发展。”①

2. 连接克罗地亚两部分领土的佩列沙茨大桥

中国路桥于2017年中标的佩列沙茨大桥连接克罗地亚被波黑隔断的两部分国土，是由中国工程承包商实施的第一个欧盟基金项目，标志着中国路桥已成功打开欧盟市场，具备比肩欧美顶尖基建公司的国际竞争力。

中国路桥牵头的中国企业联合体与克罗地亚公路公司在克罗地亚南部城市杜布罗夫尼克正式启动佩列沙茨跨海大桥及其

① 《匈塞铁路，中欧共建“一带一路”的旗舰》，2019年2月2日，新华网，http://www.xinhuanet.com/world/2016-11/06/c_129352644.htm。

连接线一期工程，标志着这一克罗地亚战略性基建项目全面展开。大桥位于克罗地亚著名的海边旅游城市附近，由于历史原因，300 多年来，波黑的出海口将克罗地亚这一地区分为南北两片，也就是目前如果想从克罗地亚北部陆路前往杜布罗夫尼克等南部沿海地区，会有一段路程穿越波黑共和国境内。连通南北国土成为多少代克罗地亚人未竟的梦想。接待我们的克罗地亚经济研究所秘书告诉我们，10 年前她就业面试遇到的唯一一个问题就是：“现在是否到了解决克罗地亚南北两部分连接起来的时候?”在经过十数年的论证后，克罗地亚政府终于决定强力推动修建一座跨海大桥，连接克罗地亚最南端大陆与杜布罗夫尼克附近的佩列沙茨半岛。2017 年欧盟基础设施投资基金决定支持这一项目，将承担 85% 的项目建设支出。该项目预估总造价 4. 2 亿欧元，是克罗地亚独立以来规模最大的战略性基建项目。中国路桥与欧洲最著名的老牌建筑公司参与竞标，最终靠实力赢得了胜利。克罗地亚总理普连科维奇表示，“佩列沙茨大桥对克罗地亚具有长远的战略意义，大桥建设是本届政府的优先任务，该项目将解决克南北领土连接的战略性问题。克罗地亚对中国建设者们充满了期待”。

2017 年，克罗地亚就佩列沙茨大桥项目进行公开招标。除路桥外，奥地利知名建造商 Strabag 和由意大利 Astaldi 与土耳其 Ic Ictas 组成的联合体等八家企业参与竞标。中国路桥正是基于对自己优势的认识和把握，给出了自己能够承担而又相对较低的报价和较短的工期，才力拔头筹，毫无争议地赢得了竞标。

佩列沙茨大桥工程成为中国基建企业在欧盟市场第一个使用欧盟资金实施的大型基础设施项目。中国路桥在工程建设的筹备、设计和施工等各个阶段均严格遵守当地法律法规，如建造法、规划法、劳工法、环保法和税法等，并主动与欧盟标准对接。特别是对于环保问题，严格以高环保标准要求现场施工人员及分包商，甚至还主动帮助业主方重新设计更为环保的施工方案。例如，中国路桥支付了百万欧元主动雇用了克罗地亚当地经验丰富的工程咨询公司，也在香港聘请了国际著名的设计工程公司。工程项目的高度国际化给中国路桥带来了很高的国际声誉。

3. 贯通黑山国境的黑山南北高速

南斯拉夫是东欧国家中最早有高速公路的国家。黑山南北高速与塞尔维亚 E763 项目共同组成了泛欧 11 号走廊，全程 438 千米。其中黑山南北高速公路项目全长 180 千米，黑山政府拟分 5 段建设。其中桥梁隧道比例超过 60%，主要包括主线桥 20 座，隧道 16 座，互通立交 3 座等。这一项目的完成将实现黑山这个以山著称的国度百年的梦想，项目意义大，各界关注度极高。

在黑山建设南北高速公路，中国路桥承建后，但共有 80 多家黑山及周边国家企业参与项目建设，其中分包合同额最大的分包商为黑山 BEMAX 公司，合同额约 1.8 亿欧元。对中国路桥这个项目的监理是由来自欧洲 8 个国家的监理工程师组成的专业团队，中国路桥也累计雇用了近 1300 余名当地工人参与项目建设，中国路桥始终以开放的姿态欢迎社会各界关注和监督项目的执行，严谨认真地对待国际专家组成的按照欧洲文化和标准进行的事无巨细的监理。

（二）“一带一路”项目在西巴尔干地区取得的发展成就

整体而言，“一带一路”建设在该地区取得的成就主要表现为在建造规范和标准上与当地对接、在投资动能上逐渐转向直接投资、在战略对接上协助西巴尔干融入欧盟等方面。这些都为中资企业在该地区，乃至在欧洲的进一步发展奠定了前期基础。

1. 规范方面：实现制度和规范对接

由于交通基础设施建设项目通常涉及区域广、能源消耗大且对环境有直接影响，各国均设立相应政策法规对项目设计、采购和施工等环节进行严格管理。在西巴尔干地区，除了已于2013 年加入欧盟的克罗地亚外，其他国家目前在积极寻求入盟，并努力将自身制度与欧盟标准对接。中国企业在目前多以属地化管理为原则，尊重当地建造法、规划法、劳工法、环保法和税法等系列标准，主动对接所在国家和欧盟的相关制度与规范。

2. 项目方面：推进西巴尔干内部和周边国家的互联互通

当前中国在西巴尔干承建的公路、桥梁和铁路项目中，既包括西巴尔干和地区内部的交通基础设施项目，又包括跨国跨区域合作项目。这些项目或是翻新现有设施，或是规划重建，对完善西巴尔干地区交通网络以及助力其融入泛欧运输网络都存在积极的助推作用。

对于交通基础设施而言，塞匈高铁连接布达佩斯和贝尔格莱德，是“一带一路”倡议的重点工程，也是泛欧十号走廊 B 段支线。其延长线“中欧陆海快线”穿越马其顿和塞尔维亚两个西巴尔干国家，连接希腊比雷埃夫斯港，是一个代表性的跨境跨区域交通基础设施。泽蒙大桥作为中国建筑企业在欧洲承建的第一座大桥，改善了贝尔格莱德此前只有一座桥所造成的道路拥堵，极大地方便了民众出行。佩列沙茨大桥连接克罗地亚被波黑隔断的两部分国土，助力克罗地亚加速进入《申根协定》。而黑山南北高速是黑山的第一条高速公路，是黑山经济发展的命脉。其北方延长线 E763 公路是泛欧十一号走廊的一部分，多个标段目前正由中国企业承建。道路建成后将联通黑山深水港巴尔港（Bar）与塞尔维亚贝尔格莱德，为两国创造新的商机。中国土木工程集团有限公司中标欧洲复兴开发银行资金项目黑山“科拉—欣科斯”段铁路修复工作，同样是中国企业助力泛欧运输网络进一步完善的成就。

4. 助力西巴尔干发展

在西巴尔干地区加快基础设施建设和增加投资有利于巴尔干地区实现稳定的经济增长。受到战后区域经济环境恶化的影响，西巴尔干地区经济发展进程缓慢。然而随着地区政治局势恢复稳定及外部经济环境好转，西巴尔干的经济状况将逐渐步入上升轨道。此时加速该地区交通与能源的互联互通，旨在帮助西巴尔干从经济发展水平上向欧盟国家靠拢，在发达程度上早日实现入盟标准。中企在西巴尔干地区的基础设施建设均与这一目标并不冲突，甚至还是重要动力。同时，基础设施项目不仅对当地交通、就业和社会发展做出了贡献，还吸引和培养了一批业务能力强的当地人力资源。通过对当地员工进行理论与技术培训，为东道国培养了一批优秀的本土工程管理和技术人才，填补了当地基础设施行业的人员断层，为行业实现可持续发展提供了人力资源基础。中国路桥捐款完成黑山境内的塔拉河谷大桥修缮工作等活动。企业在西巴尔干积极履行社会责任，增强了企业与当地社会的联系。

整体而言，“一带一路”倡议已在西巴尔干地区稳步推进，一批标志性的公路、桥梁和铁路等交通基础设施项目均已启动，这些项目对完善西巴尔干地区基础设施建设以及推进该区域融入欧洲互联互通大网络存在积极的助推作用。而且，“一带一路”建设还对当地的经济发展和产业转型都起到了积极助推作用，增加了当地民众的获得感，随着合作的不断进展，“一带一路”倡议有望在该地区走深走实走细。

三　西巴尔干地区参与“一带一路”倡议新前景

（一）深化政策沟通

促进规范对接方面，推进中欧在合作理念和技术标准方面的协调。在合作理念上，中欧双方已就“一带一路”倡议与欧洲投资计划的对接展开磋商。中欧双方应在“以具体项目合作为导向的欧盟方案”和“以宏观战略对接为基础的中国方案”之间找到平衡。在技术标准上，应建设和利用好现有的“中欧双边标准信息平台”，为企业进入欧盟市场提供更全面的资讯。

（二）促进资金融通

在融资合作方面，应积极推进与西巴尔干投资框架（WBIF）在该地区具体事务的合作。还可进一步落实现有的合作框架，深化中国金融机构和欧洲主要开发性金融机构的合作。

（三）加快设施联通

中国目前在西巴尔干所承建的道路基础设施翻修或新建区域内各国所急需的工程，均有助于实现巴尔干交通网络与泛欧运输网络的对接。在政策层面，为更好地促进“一带一路”倡议和泛欧交通运输网络在设施、政策和资金等方面的无缝对接，2015 年中欧峰会首次正式提出了建设“中欧互联互通平台”这一倡议。该平台现已成为中国和欧盟围绕基础设施议题进行沟通与协调的主要对话机制。至今，中欧双方已确定了包括中欧互联互通平台工作组会议、投融资合作专家组会议和主席会议在内的年度对话机制，并就协调技术标准和工作机制等内容制订了短期行动计划。2018 年双方经商定推出了 18 个欧洲项目以及 16 个中国项目，作为双方合作的试点，其中不乏塞匈铁路等重点建设项目。[①] 通过选择其中合适的项目，中企在未来有望获得更直接地参与泛欧运输网络建设的机会，为“一带一路”建设创造新的机遇。

（四）助推当地社会发展

扶持当地产业，发展西巴尔干地区产业的国际竞争力。在力所能及的情况下通过企业属地化经营，促进当地产业的可持续发展，培育其未来的竞争力。

总之，“一带一路”倡议与欧盟周边区域战略的对接，更可被视作中欧互联互通平台建设的初步实践。通过互补互应来实现互联互通有助于推动“一带一路”倡议在西巴尔干乃至欧洲行稳致远。

---

① https://ec.europa.eu/transport/sites/transport/files/2018-07-13-european-transport-infrastructure-projects.pdf［2018-09-03］.

“一带一路”倡议下发展与葡萄牙和希腊的务实合作

张　敏*

一　葡萄牙参与对“一带一路”倡议行稳致远

（一）葡萄牙积极参与“一带一路”倡议

葡萄牙政府支持“一带一路”倡议。尽管葡萄牙政府还未出台与“一带一路”倡议直接对接的行动计划与行动纲领，中国与葡萄牙还没有签署“一带一路”倡议合作计划，但葡萄牙

---

* 张敏，中国社会科学院欧洲研究所国别研究室主任、研究员。本次丝路行调研的时间是2018年7月18—31日，中国与希腊、中国与葡萄牙均未签署“一带一路”倡议合作备忘录。调研报告中的内容体现了调研期间中国与希腊、葡萄牙的合作状况，特此说明。在此之前，本调研组成员专门就中国与葡萄牙关系问题进行了系统梳理，这一部分内容也作为“智库丝路万里行”调研的前期成果，一并收录在本报告中。

政府在多个公共场合，明确表示支持并将积极与中国开展“一带一路”合作项目。

葡萄牙总统、总理在内的葡萄牙政府领导人均在公开场合表态支持中国的“一带一路”倡议。2016年5月31日，葡萄牙总统马塞洛·雷贝洛·德索萨在总统府会见杨振武社长率领的人民日报社代表团并接受专访，这也是德索萨就任总统以来首次接受外国媒体专访。德索萨总统高度评价中葡两国建立全面战略伙伴关系10年来取得的成绩，对两国在经贸、文化、卫生、保险，尤其是能源领域的合作成果表示赞赏，强调中国发展是葡萄牙的重要机遇。德索萨总统认为，两国应深化务实合作，推动两国关系再上新台阶。他多次提到，葡萄牙赞同中国“一带一路”倡议，并愿与中国扩大在交通设施、港口建设等多领域的紧密合作。“‘一带一路’倡议在其看来是增进中国与欧洲之间商贸往来的一个重要的倡议。这条线路，除了陆路，还包括经过非洲沿岸并到达地中海的海上丝绸之路。葡萄牙愿与中国一道，尽最大努力使葡萄牙成为海上丝绸之路上的一站。在对接中国的‘一带一路’倡议尤其是海上丝绸之路和欧洲提出的‘互联互通平台’方面，双方有很大的互补性和合作空间。”[①] 会谈中，双方还提到很多可以合作的领域，例如，在能源领域的互联互通和交通运输领域特别是锡尼什港的

① 《葡萄牙总统：“在“一带一路”框架下推进中葡合作》，http：//world. huanqiu. com/hot/2016－06/8996478. html。

建设上，葡萄牙希望在中国“一带一路”倡议下具有更多的合作机遇。

2016 年 10 月 8—12 日，葡萄牙总理安东尼奥·科斯塔访华期间，明确表示愿意通过此次访华，推动葡中深化全方位合作，推进“一带一路”框架下合作，特别是能源、金融、电力、基础设施、农业、制造业、文化、旅游等领域合作。葡方愿为推动欧中关系发展积极发挥建设性作用。会晤期间，习近平主席强调，中葡应该保持高层及各领域交往势头，巩固战略互信。两国要继续相互理解和支持对方核心利益和重大关切。双方应该深化投资合作，开拓更广阔市场。中方愿推动更多企业赴葡投资兴业，并将投资由能源拓展至金融保险、医疗卫生、基础设施建设等更多领域。双方应该面向未来，推进海洋等领域合作。中方支持葡萄牙积极参与“一带一路”倡议，鼓励双方加强海洋科研、港口物流建设等“蓝色经济”领域合作。双方应该加强文明对话，推进人文、教育等领域交流合作，传递友好精神。中国愿意同包括葡萄牙在内的世界各国一道，推动不同文明交流借鉴，让世界更加丰富多彩①。

科斯塔总理在澳门出席中葡论坛第五届部长级会议期间，接受新华社专访时表示，“一带一路”建设将是中葡两国新的交会点，葡萄牙支持中国的“一带一路”倡议，愿意成为 21 世纪

① “习近平会见葡萄牙总理”，《人民日报》（海外版）（2016 年 10 月 10 日第 1 版），http：//paper. people. com. cn/rmrbhwb/html/2016 – 10/10/content_1717277. htm。

海上丝绸之路的一份子。科斯塔总理说，葡萄牙支持中国“一带一路”倡议，这一倡议有助于增强中葡经贸关系。科斯塔强调，“我曾多次表示过，葡萄牙愿意成为21世纪海上丝绸之路的一份子，充分利用葡萄牙在欧洲和大西洋间的战略地理位置，特别是利用好锡尼什深水港口和未来锡尼什—马德里铁路的延伸线。”①

在葡萄牙总理访华之后，葡萄牙驻华大使佩雷拉于2016年11月2日接受人民网的专访，表示葡萄牙希望成为中国“一带一路”倡议连接欧洲的门户。葡萄牙紧邻大西洋，是进入欧洲的门户，具有重要的战略地位。葡方愿意加强与中国在“一带一路”倡议方面的合作，“葡萄牙拥有像西内斯港这样的深水良港，随着巴拿马运河的扩建，更大吨位的船舶可以从太平洋直接进入大西洋，而抵达欧洲的第一站就是葡萄牙”。

佩雷拉大使表示，加强蓝色经济合作也就是加强海洋经济的合作，包括港口和海上运输，而中国的投资者已经着手研究西内斯港口的物流平台扩建方案。此外，佩雷拉透露，葡萄牙政府有意在亚速尔地区建立一个深海研究中心，而中国在这一领域有着丰富的经验和技术力量，他希望中葡两国在这一领域可以加强合作。

---

① “‘一带一路’建设将是葡中两国新的交汇点”，专访葡萄牙总理科斯塔，http：//www. xinhuanet. com/mrdx/2016－10/13/c_135750203. htm。

（二）加强以锡尼什港合作为核心，提倡中国与葡语国家构建“蓝色海洋伙伴关系”

葡萄牙经济部、国土资源部等政府部门均多次强调，要积极参与共建“一带一路”，不断提升锡尼什港的运输能力，并建立起以港口服务为核心的中国与“葡萄牙蓝色海洋关系”。

2014 年，中国国家主席习近平到访葡萄牙特塞拉岛时提出，中国和葡萄牙拥有漫长的海岸线和丰富的海洋资源，应当加强在海洋经济方面的合作。2015 年，中国国家海洋局代表团在出席葡萄牙“蓝色周”海洋部长级会议期间，与葡萄牙时任农业与海洋部部长举行了双边会谈。双方一致认为，中葡在海洋生态环境保护、开展大西洋中脊热液喷口区域联合调查研究、共建海洋卫星接收站、海洋科研机构和大学开展人员和学术交流等方面有很大的合作潜力和空间，应推动签署海洋合作框架协议，共同确定海洋优先发展领域。由此，中葡海洋合作迈入崭新时期①。

葡萄牙海洋资源优势明显，国土面积 97% 是海洋，大陆架面积达 170 万平方千米，海洋经济占国内生产总值的比重不断提升。里斯本曾是连接中欧的重要商贸之都，随着时间的推移，葡萄牙作为大西洋门户的战略地位日益凸显，令其成为“21 世

---

① 《葡萄牙与中国正式建立蓝色伙伴关系》，http：//www. sohu. com/a/202963281_739150。

纪海上丝绸之路"的重要一站。近日来华访问的葡萄牙海洋部部长安娜·保拉·维多利努不止一次提到海岸线的数据，她指出，"葡萄牙的海岸线在欧洲排在前五，中国也有非常长的海岸线，我们都是海洋国家。"在她看来，中葡两国地理条件上的共性，加上习近平主席提出的"21世纪海上丝绸之路"倡议，已经形成一个合作共赢的新格局。受益于中国的变化和发展，葡萄牙经济尤其是沿海经济、港口经济，都有了不同程度的发展。

2017年10月28日至11月4日，应中国国土资源部邀请，葡萄牙海洋部部长安娜·保拉·维多利努率团访华。期间，维多利努参加在京、沪两地举行的高级别研讨会，并出席了厦门"国际海洋周"开幕式。中国国家海洋局局长王宏与维多利努签署了《中华人民共和国国家海洋局与葡萄牙海洋部关于建立"蓝色伙伴关系"概念文件及海洋合作联合行动计划框架》，葡萄牙成为欧盟国家中第一个与中国正式建立蓝色伙伴关系的国家。

（三）葡萄牙成为欧盟国家中首个与中国签署海洋伙伴关系的国家，未来双方有广阔合作领域

签署海洋协议，将有助于葡萄牙提升港口运输能力和国际竞争力，构建海洋关系也是葡萄牙于2016年12月推出的《提升港口竞争力战略》的重要工作内容。此战略中规划了多个大型项目，例如，建设锡尼什集装箱码头、瓦斯科达伽马码头、新的巴雷罗联运码头、安德烈斯港新码头等，其投资大

部分来自私人。这些项目的完工将大大加强葡萄牙国家港口的竞争力。

未来葡萄牙希望在这些领域与中国加强合作：（1）可再生能源领域；（2）海洋环境合作；（3）天然气领域；（4）企业创新精神方面的合作；（5）商业和旅游方面的合作；（6）汽车制造业、电动汽车；（7）开展物流园、工业园、特别经济区等方面的合作。

（四）“一带一路”倡议推动中国与葡萄牙加快经贸、投资合作步伐

葡萄牙期待借助“一带一路”倡议成为中国在欧洲的重要门户。位于大西洋最西段的葡萄牙，是与中国关系最为特殊的欧洲国家之一。正如2014年7月葡萄牙总统代表、副总理波塔斯对途经该国的中国国家主席习近平所说：葡中两国成功解决了澳门问题，为国与国之间解决历史遗留问题树立了榜样。当葡萄牙面临经济困难时，中方提供了宝贵支持和帮助，“我们感谢中国，葡方赞赏中国梦”。他还表示，葡方愿意利用自身优势，同中方加强在拉美、非洲事务中的合作。现在葡萄牙也是中国在南欧地区最具吸引力的投资目的地。如果从已签订的协议规模看，中国已成为葡萄牙最重要的外商直接投资来源国。

葡萄牙驻华大使若热·托雷斯·佩雷拉日前接受《瞭望东方周刊》采访时表示，他们正希望通过良好的合作示范效应，吸引第二轮中国企业对葡投资①。

（五）丝路发展促进“民心相通”

为响应中国“一带一路”倡议，2016 年葡萄牙丝路协进会作为协会性质的智库正式注册成立。丝路协进会主席是里斯本大学经济系的费尔南德·伊尔休（Fernanda Ilhéu）教授。学界交流，助力民心相通。

费尔南德·伊尔休教授认为在“一带一路”建设方面，葡萄牙政府、议会等对与中国开展合作很有信心。此外，智库交流对于促进民心相通也具有重要作用。“一带一路”项目包括“五大联通”，因此与葡萄牙在开展合作中，应注重政策沟通、民心沟通，不仅仅是基础设施的建设，还应在教育、智库、新闻传媒等各个方面开展交流与合作。

二 “一带一路”倡议与希腊务实合作走深走实

（一）希腊积极参与“一带一路”倡议

希腊政府在公开场合释放了一系列积极的信号。希腊总统帕夫洛普洛斯 2017 年 4 月 20 日在雅典会见新华社社长蔡名照时说，即将在北京召开的“一带一路”国际合作高峰论坛具有全

① 《葡萄牙驻华大使：我们会是海上丝绸之路的重要一站》，http：//finance.sina.com.cn/leadership/mroll/20150302/170721624784.shtml。

球性意义，证明在新的历史时期，中国将在推进世界和谐共存方面发挥重要作用。北京举行的“一带一路”国际合作高峰论坛不但对中国，而且对全世界具有重要意义，因为它是非常重要的实现全球化的论坛，将极大地推动全球化进程[①]。首届“一带一路”国际合作高峰论坛期间，中希双方签署了《中希重点领域2017—2019年合作计划》。在出席首届论坛的29国国家元首和政府首脑中，其中三位来自南欧国家，包括希腊总理齐普拉斯、意大利总理真蒂洛尼和西班牙首相拉霍伊。

2017年12月8日，希腊总理齐普拉斯在雅典会见到访的中国国务院副总理马凯，双方表示要加强在“一带一路”倡议上的合作。齐普拉斯强调，希腊积极支持中方提出的“一带一路”倡议，愿继续与中方加强各领域合作，他也欢迎更多中国企业来希开展经贸投资合作。希腊是“一带一路”倡议路线图中的重要节点，“一带一路”将带给希腊重要的投资方向和发展潜力。

2018年5月初，希腊经济发展部副部长比齐奥拉斯接受新华社记者专访时表示：近一年来，中希三年合作计划在交通和能源领域取得重大进展。目前，两国还就进一步拓展双边贸易和旅游合作进行磋商。中国提出的“一带一路”倡议为希腊带来希望和机遇。中希两国在比雷埃夫斯港口项目上的合作已成为“一带一路”框架下双赢合作的重要象征。

---

① 《“一带一路”高峰论坛具有全球性意义》，http：//www. xinhuanet. com//mrdx/2017－04/21/c_136225439. htm。

2016 年 12 月 9 日，希腊驻华大使罗卡纳斯先生参加了三亚国际“文化 + 旅游”高峰论坛，罗卡纳斯大使强调了希腊在“一带一路”倡议中地处三大洲桥梁的重要地位。同时他提出，尽管希腊和中国文化存在差异，但它们有着同样悠久的千年历史。这几千年的历史，与中国古丝绸之路有着千丝万缕的联系，强调了文化与旅游在中国与希腊双边关系中的中心地位。“一带一路”倡议将进一步推动希腊与中国及三亚地区的合作。①

在随后的一次专访中，罗卡纳斯大使强调：希腊政府不仅支持“一带一路”倡议，还期待希腊能够成为推动中国与欧盟、中国与中东欧 16 国、中国与南欧次区域等合作的重要桥梁和纽带，推动中欧在基础设施建设、物流运输、可再生能源、难民遣返、移民政策、应对气候变化等方面加强务实合作。专访中，大使强调了希腊在欧洲独特的地缘政治地位，希腊是建设“21 世纪海上丝绸之路”的重要区位，必将成为构筑中国与中东欧国家、中国与巴尔干地区国家、中国与南欧次区域合作网络的关键节点。大使提出的希望引起中方高度关注和重视。②

希腊政府认为中国提出的“一带一路”与希腊政府制定的在地区事务中发挥多方面作用的战略相吻合，两国的合作前景非常广阔。

---

① 《“一带一路”上的中国与希腊》，http：//k. sina. com. cn/article_6339667957_179 dfa7f5001002kbc. html。

② 在本次丝路行调研之后，2018 年 8 月 18 日，笔者应邀与希腊驻华大使罗卡纳斯先生（Lenonidas C. Rokanas）就希腊与中国在“一带一路”倡议下的合作进行访谈。

（二）近年来中希两国全面战略伙伴关系持续发展，比雷埃夫斯港成为中希在港口基础设施联通上开展实质性合作的典范

继2014年6月双方发表《关于深化全面战略伙伴关系的联合声明》，两国签署《关于加强双边经济投资合作的谅解备忘录》后，2016年7月又发表《关于加强全面战略伙伴关系的联合声明》。近年来，两国贸易发展较快。2017年中希双边贸易额为51.2亿美元，同比增长15.5%，其中，中国出口额为47亿美元，同比增长13%；进口额为4.2亿美元，同比增长51.7%。2018年，中希双边贸易额为63.96亿美元，同比增长43.7%，其中，中国对希出口额为59.09亿美元，同比增长45.6%；自希进口额为4.87亿美元，同比增长24.3%。中希双向投资总体规模不大，集中在海运、电信和光伏领域①。

希腊是世界航运大国，海运业是国家经济的重要支柱产业。海运业共为19万人提供了就业机会，除6万名在海轮上工作的希腊籍船员外，海运业带动的金融、保险、咨询服务业、船用设备、维修等相关产业吸纳了13万人劳动力，仅在比雷埃夫斯港就有1000多家企业开展与海运业相关的经营活动。希腊有各类港口150个，主要有比雷埃夫斯港、萨洛尼卡港、沃洛斯港、佩特雷港、伊拉克里翁港，港口总吞吐量约为8035万吨。截至

---

① 数据来源：中华人民共和国外交部网站，https://www.fmprc.gov.cn/web/gjhdq_676201/gj_676203/oz_678770/1206_679834/sbgx_679838/。

2017 年，希腊共拥有百吨级以上船只 1855 艘，同比增加 1.3%；总注册吨位 4398.5 万吨，同比减少 0.8%。截至 2017 年，希腊船东共拥有 4199 艘超过 1000 总吨的船舶，位居世界第二；总运力约为 3.09 亿载重吨，居世界第一。

（三）中希“一带一路”合作的新期待

1. 持续推动大项目合作，打造互联互通新平台

比雷埃夫斯项目成为近年来推动中国与希腊关系发展的主要驱动力。自 2008 年以来，中远公司在比雷埃夫斯海港投资 43 亿美元，用于建设和开发该海港中的两大集装箱码头。2016 年 4 月，中远公司成为比雷埃夫斯港务局的最大股东，并承诺在未来 10 年将继续投资 7 亿欧元。

希腊雅典国际经济研究所亚洲部主任普莱门·通契夫教授认为，比港项目将有助于未来希腊在亚欧航线上发挥重要的作用。2013 年习近平主席提出“一带一路”倡议。通过建设“丝绸之路经济带”（SREB）和“21 世纪海上丝绸之路”（MSR），将实现欧亚大陆和东非之间的互联互通。希腊扼守亚、欧、非之间的十字路口，拥有庞大的商业船队，希腊积极推动这一港口建设项目。

2008 年 11 月，时任希腊总理科斯塔斯·卡拉曼利斯和时任中国国家主席胡锦涛正式签署了租赁协议，协议额为 8.312 亿欧元（相当于 10 亿美元）。此后，中远公司不仅分阶段进行港口基础设施的投资建设，同时还吸引中国及其他企业参与，如

惠普、马士基和地中海航运公司。这些投资让比雷埃夫斯港口很快成为世界上发展速度最快的集装箱码头。中远比雷埃夫斯集装箱码头分公司（PCT）的年吞吐量实现了翻番，全球排名也从之前的世界第 93 位上升至世界第 39 位。

2. 增进人文交流

希腊雅典大学法学院国际关系和欧洲系主任阿希纳·迪莫普卢副教授认为，“共建‘一带一路’”不应仅限于中希两国港口等基础设施方面的合作，应在教育领域开展更多的合作与交流，如中希两国语言、文化、历史等课程的交流与学习，推动中西文明互学互鉴，促进民心相通。

3. 推动中希务实合作新发展

中希在“一带一路”倡议中的其他合作稳步推进：希腊经济部下属机构正在开展一项“为中国准备计划”（China’s Ready Plan），该企业计划筹集 100 万欧元，其中，从中国筹资 50 万欧元，共同为中国企业、游客前往希腊提供各种便利。

在南欧次区域国家中，希腊是最早公开表态与中国签署“一带一路”合作备忘录的国家。希腊这一前瞻性的行动，产生了积极的示范效应，有利于构建中国与南欧次区域“一带一路”合作新机制。应积极发挥希腊参与共建“一带一路”的优势，努力将希腊打造成中国与南欧次区域“一带一路”合作典范，构建中国与南欧次区域国家港口联通伙伴关系以及东西文明对话机制。

三 中国与葡萄牙关系回顾

2019 年中国与葡萄牙庆祝中葡建交 40 周年。习近平主席提出的“一带一路”倡议和构建人类命运共同体理念，为中国与葡萄牙打造新型全面战略伙伴关系提供了新机遇。包括政策沟通等的五大“相通”，其战略意义在于加深了解，推动中国与“一带一路”沿线国家在多个领域深化合作。当前是中国与葡萄牙全面战略伙伴关系进入第二个十年，中国与葡萄牙在政治、经济、外交、文化教育、科技创新等领域开展全面合作具有了较好的基础。

（一）葡萄牙的国际地位及中葡关系的重要性

1. 葡萄牙是联系欧洲、亚洲、拉美的重要枢纽

葡萄牙地处欧洲伊比利亚半岛的西南部。东、北连接西班牙，西、南濒临大西洋，飞越大西洋可直达美洲大陆，经西班牙可辐射至欧洲大陆国家，西南隔直布罗陀海峡与摩洛哥相望，这一独特的地缘格局，为葡萄牙在历史上成为世界性大国创造了条件。在中国与葡语国家经贸合作论坛机制下涵盖的葡语国家和地区，与葡萄牙在历史、语言、文化等诸多方面具有深厚的渊源关系。

葡萄牙国土总面积为 92212 平方千米，2017 年总人口为 1030.5 万人，主要为葡萄牙人。外国合法居民约 40 万人，分别

来自巴西、安哥拉、莫桑比克等葡语国家以及部分欧盟成员国。85%的居民为天主教徒。全国设有 18 个大区，分别为：里斯本、波尔图、科英布拉、维亚纳堡、布拉加、雷亚尔城、布拉干萨、瓜达、莱里亚、阿威罗、维塞乌、圣塔伦、埃武拉、法鲁、布朗库堡、波塔莱格雷、贝雅、塞图巴尔；另有亚速尔群岛和马德拉群岛 2 个自治区。

2. 政局保持稳定，经济渐入复苏轨道

葡萄牙 1974 年推翻独裁专制统治，开启民主化进程，同时放弃在非洲的葡属殖民地，正式成为西方民主制国家。在欧洲区域一体化进程中，葡萄牙积极与欧共体创始国靠拢，1986 年 1 月 1 日与西班牙同期加入欧共体，并在 1999 年成为欧元区创始国。自 2008 年起，受国际金融危机和欧洲主权债务危机的双重冲击，葡萄牙成为继希腊、爱尔兰之后第三个深陷欧债危机的欧盟成员国，经济陷入衰退周期，21 世纪初期稳定发展的经济形势趋于恶化。1999—2008 年，葡萄牙实际 GDP 平均增长率为 1.6%，低于欧元区均值（2.1%）；自 2009 年起出现严重衰退，实际 GDP 为负增长 3.0%；2012 年跌入谷底，实际 GDP 负增长 4%。2014 年 5 月葡萄牙从"三驾马车"（欧盟委员会、欧洲中央银行、国际货币基金组织）获得为期三年的救助计划。随着经济形势的好转，葡萄牙开始提前偿还国际货币基金组织的贷款，预计到 2020 年偿还金额达到 240 亿欧元。在世界经济和欧元区国家经济普遍有所好转的情况下，2014 年葡萄牙经济呈现增长态势，实际 GDP 增幅为 0.9%，2017 年经济增幅为 2.5%[①]。预计 2018 年葡萄牙 GDP 增速为 2.6%。外部世界对葡萄牙经济的冲击仍存在较大的不确定性，英国脱欧带给葡萄牙经济的负面影响还难以估计，经济下行风险依然存在，预计 2018 年和 2019 年经济增长略有收缩，有望分别保持 2.1% 和 1.8% 的增速[②]。

按照现价计算，2017 年葡萄牙 GDP 总量为 1931 亿欧元，人均 GDP 为 18741 欧元。葡萄牙是欧盟中等发达国家，工业基础较薄弱。纺织、制鞋、酿酒、旅游等是国民经济的支柱产业。软木产量占世界总产量的一半以上，出口位居世界第一。

现政府是以安东尼奥·科斯塔为首的中左社会党少数派所组成，社会党执政得到了葡萄牙左翼集团（the Left Bloc，BE）、葡萄牙共产党（简称葡共，the Portuguese Communist Party，PCP）和绿党（the Greens，PEV）的议会支持。自 2015 年 11 月 26 日宣誓就职以来，社会党政府积极履行欧盟的财政约束纪律，将工作重点置于提高低收入者、公务员和退休人员的收入待遇，刺激内需。本届政府能够较好地保持与上述三个小党派以及欧盟委员会的关系，在经济持续回暖等利好因素作用下，执政地位稳固。外界对本届政府执政前景普遍看好，认为可以平稳过渡到 2019 年的下届大选。

---

① IMF，“World Economic Outlook，April 2018，Cyclical Upswing，Structural Change”，http：//www.imf.org/en/Publications/WEO/Issues/2018/03/20/world-economic-outlook-april－2018#Statistical%20Appendix.

② EIU，“Portugal，Country Report November 2017”，http：//www.eiu.com.

3. 提升国际影响力的新契机和历史性机遇

葡萄牙前总理古特雷斯于2017年1月1日正式出任联合国秘书长，为葡萄牙在国际事务上发挥更大作用提供了历史性新机遇。2017年葡萄牙积极参与地区合作，作为第二届南欧地区领导人峰会东道国，2017年1月28日，包括塞浦路斯、法国、希腊、马耳他、葡萄牙和西班牙六国的南欧峰会在里斯本举行。会后发布的《里斯本宣言》强调，当今世界正面临巨大的不确定性，呼吁南欧六国加强地区合作，为欧洲的稳定和繁荣、增长做出贡献。以下几个方面表明了葡萄牙国际地位的提升以及发挥国际影响力的途径趋于多元化。

2017年6月1日，澳大利亚智库经济与和平研究所（Institute for Economics and Peace）发布的《2017年全球和平指数报告》[①] 显示，全球163个国家和地区中，冰岛位居第一名，葡萄牙位居第三名。这是经济与和平研究所连续十年发布的全球和平指数，该指数使用23个度量指标，在这份覆盖全世界163个国家及地区的调查中，葡萄牙表现十分亮眼，葡萄牙在五年之内从第16位开始迅速攀升，从2016年的第五名跃升为第三名，这也是葡萄牙在“全球和平指数”有史以来的最佳表现。榜单

---

① Positive Peace Report 2017: Tracking Peace Transitions Through a System Thinking Approach, http://visionofhumanity.org/app/uploads/2017/10/Positive-Peace-Report-2017.pdf。此报告来自澳大利亚经济与和平研究所网站，http://economicsandpeace.org/reports/, “Positive Peace Report 2017: Tracking peace transitions through a system thinking approach”, http://visionofhumanity.org/app/uploads/2017/10/Positive-Peace-Report-2017.pdf。

上前十位的国家依次为：冰岛、新西兰、葡萄牙、奥地利、丹麦、捷克、斯洛文尼亚、加拿大、瑞士、爱尔兰与日本（并列）。

葡萄牙在应对全球气候变化上扮演着领导者角色。欧洲运输和环境联合会和非政府组织碳市场观察（Carbon Market Watch）[①] 2017 年公布了欧盟气候问题领导者排名，瑞典在这份榜单上排名第一，而葡萄牙排名第七。葡萄牙计划在 2030 年超额完成 17% 的减排目标。

在巴黎举行的第 21 届联合国气候变化大会上，葡萄牙郑重承诺要发展“绿色经济”，希望通过这一行动使葡萄牙成为“绿色发展国家”中的先锋。由 141 个国家签署并于 2016 年 11 月生效的《巴黎协定》，旨在全球范围内应对气候变化，为 2020 年后全球应对气候变化行动做出安排。葡萄牙一直在以身作则，制定更为严苛的国家气候政策，也在努力推动进一步提高减排目标。葡萄牙可再生能源协会主席预测，葡萄牙最快有可能在 21 世纪中叶达到 100% 使用可再生能源发电的目标。

（二）“一带一路”倡议深化中葡合作

1. 中葡全面战略性伙伴关系全面推进

2003 年是中葡论坛创立之年。这一年葡萄牙社民党在在野

---

① 此数据来自欧洲运输和环境联合会和非政府组织碳市场观察组织网站，https：//carbonmarketwatch. org/。

多年之后重新执政。在对华政策上，社民党政府保持了葡萄牙社会党一贯对华友好的传统。2005 年 12 月，时任中国国家总理温家宝访问葡萄牙，与时任葡萄牙总理苏格拉底共同宣布建立中葡全面战略伙伴关系，将中葡友好合作带入了新的发展阶段。中葡两国以此为契机，两国政府高层保持互访。中葡致力于发展全面战略伙伴关系，优先考虑的四大方面是：第一，加强高层会晤和政治对话机制；第二，充分利用经贸混委会、企业委员会等现有的磋商与交流机制，深化经贸合作，进一步发展贸易、投资、旅游等领域的合作关系；第三，进一步强调和发挥中葡企业委员会和“中国—葡语国家经贸合作论坛（中国澳门）”对发展两国机构和企业经贸合作关系的重要平台作用；第四，致力于中葡在教授对方国家的语言和文化方面的合作。通过深化卡蒙斯学院和葡萄牙东方学会与中国有关教学机构之间的合作，优化和增加在中国现有的葡语教学手段。通过孔子学院开展的活动，扩大在葡萄牙的汉语教学规模并提高教育质量。

2. 中国与葡萄牙双边关系及经贸合作现状

中国和葡萄牙建交 38 年来，两国保持着长期密切的经济贸易关系。当前中葡关系成熟稳定、充满活力，处于历史最好时期。两国高层互访频繁，政治互信不断加深，经贸、文化等领域务实合作成果丰硕。

葡萄牙具有独特的地理位置优势，可以同时成为“丝绸之路经济带”和“21 世纪海上丝绸之路”的重要节点。葡萄牙愿意参加“一带一路”建设工作。葡萄牙领导人对中方

“一带一路”倡议秉持积极响应态度。2016 年 10 月葡萄牙总理科斯塔正式访华期间，习近平主席表示中方支持葡萄牙积极参与“一带一路”倡议，鼓励双方加强海洋科研、港口物流建设等“蓝色经济”领域合作。科斯塔总理表示赞同，葡萄牙愿意通过此次访华，推动葡中深化全方位合作，推进“一带一路”框架下的合作，特别是能源、金融、电力、基础设施、农业、制造业、文化、旅游等领域合作。葡方也愿为推动欧中关系发展积极发挥建设性作用。

曾在澳门工作过 21 年的葡萄牙外交部国务秘书奥利维拉，2017 年 5 月参加在京举行的“一带一路”首届国际合作高峰论坛时表示，“葡萄牙一直以来都很关注‘一带一路’倡议，希望与中国密切合作，融入到‘一带一路’的建设当中”[①]。这些官方性的表态，说明了葡萄牙愿意积极参与到该倡议以及相关建设中，通过深化双边合作，促进两国人民之间的相互了解。

葡萄牙未来与中国在交通设施、港口建设、“蓝色经济”等多领域具有较大的合作空间和发展潜力。目前中国与葡萄牙在“一带一路”倡议下开展了合作尝试，但相比其他欧洲国家，例如德国、法国、匈牙利、塞尔维亚、希腊等，葡萄牙与中国在“一带一路”倡议下的实质性合作步伐还较弱，合作领域相对有

---

① 《葡萄牙希望加强与中国在一带一路框架下的合作》，http：//world. people. com. cn/n1/2017/0517/c1002 －29281860. html，2017 年 5 月 17 日。

限，合作潜力未能很快显现出来。

多年来，经贸合作一直是中国与葡萄牙关系持续发展的重要标志和合作方向，但双边贸易及投资规模均有待扩大。商务部统计资料显示：2016 年双边贸易额为 55.8 亿美元、同比增长 28.2%；其中，中国出口总额为 40 亿美元、同比增长 38.3%，进口总额为 15.8 亿美元、同比增长 8.2%。中国对葡出口商品主要有：电机电气设备、机械器具、玩具、家具、钢铁制品等；进口商品主要有：机械器具、电机电气设备、软木及其制品、纸浆及废纸、矿产品等。2017 年 1—6 月，中国与葡萄牙双边贸易额为 27.35 亿美元，其中，中国出口总额为 17.96 亿美元，同比下降 7.9%，进口总额为 9.39 亿美元，同比增长 42.3%[①]。

据欧盟统计局统计[②]，2017 年，中葡双边货物进出口额为 32.6 亿美元，增长 18.2%。其中，葡萄牙对中国出口总额为 9.5 亿美元，增长 27.5%，占葡萄牙出口总额的 1.5%；自中国进口总额为 23.1 亿美元，增长 14.7%，占葡萄牙进口总额的 3.0%；葡方逆差为 13.6 亿美元，增长 7.2%，中国为葡萄牙第十一大出口市场和第六大进口来源地。

运输设备、纤维素浆、纸张和矿产品是葡萄牙对中国出口的主要产品，2017 年出口额分别占葡萄牙对中国出口总额的

---

① "2016 年 1—12 月中国与欧洲国家贸易统计表"，数据来源于 http://ozs.mofcom.gov.cn/article/zojmgx/date/201702/20170202520524.shtml。

② 商务部网站，国别报告，https://countryreport.mofcom.gov.cn/record/view110209.asp?news_id=58223，这些数据与商务部统计数据有出入。

34.3%、11.5%和11.3%，分别为3.3亿美元、1.1亿美元和1.1亿美元，增幅分别为97.5%、7.5%和-11.1%。另外，活动物、动物产品的出口额增长明显，增幅为159.8%，塑料、橡胶的出口额下降21.3%。

葡萄牙自中国进口的主要商品为机电产品、纺织品及原料和贱金属及制品，2017年这三类产品进口额合计占葡萄牙自中国进口总额的56.5%，分别为8.3亿美元、2.7亿美元和2.1亿美元，增幅分别为15.6%、11.9%和-2.8%。这些产品在葡萄牙进口市场中分别占有17.2%、6.0%和8.0%的份额。另外，葡萄牙自中国进口的活动物、动物产品的进口额增幅明显，增长38.5%。

2016年3月，中葡经贸混委会召开第九次会议。截至2016年年底，中国对葡实际投资累计金额达62.88亿美元。葡累计对华投资共222项，实际投入1.99亿美元。

近年来中国企业积极参与葡萄牙的私有化进程。中国企业对葡萄牙企业的收购并购活动十分活跃，中国长江三峡集团收购葡电力公司21.35%的股权，国家电网公司收购葡电网公司25%的股权，中国石化集团收购葡石油和天然气公司旗下巴西分公司30%的股份，香港北控水务集团收购法国威立雅水务公司旗下葡萄牙水务公司100%的股权，复兴集团收购葡储蓄总行附属保险公司80%的股份、葡电网3.9%的股份和圣灵集团医疗服务子公司96%的股份，海通国际控股公司收购葡新银行旗下圣灵投资银行。2015年5月15日，中国银联与葡萄牙最大的客户支付网络 UNICRE 签署全面开通受理合作协议。该协议的签署，是中葡金融合作的又一积极进展，将为中国公民到葡旅游和开展商务考察提供方便。

欧盟境内首个中国经贸合作区在葡设立。2010 年 6 月 30 日在上海世博会葡萄牙馆，由葡萄牙经贸投资促进局和葡萄牙投资促进会联合主办的“葡萄牙投资推介会”上，葡萄牙驻上海总领馆商务参赞库托米·兰达先生宣布，葡萄牙经贸投资促进局及其下属世界园区管理公司、葡萄牙华商欧洲飞天股份公司三方已于 2010 年 5 月 12 日联合签署了设立“葡萄牙—中国经贸合作区”合作文本。葡萄牙—中国经贸合作区分为“工业、物流园区”与“中国商品欧盟集散中心”两个园区，工业、物流园区规划用地 1276 公顷，集散中心规划用地 100 公顷。工业、物流园区基础配套设施完善，中国企业可以立即入驻。中国经贸合作区在葡萄牙的设立，不仅促进中国企业集群式迈出国门、走入欧盟，还促进“中国制造”向“欧盟制造”“世界制造”的转型进程。中国境外经贸合作区经营模式的出现，对企业和国家都具有极其深远的意义。

（三）葡萄牙参与中葡论坛的情况

2018 年是中国与葡语国家经贸合作论坛创建 15 周年，为此，澳门特区政府委托中国社会科学院就该论坛创建以来的情况进行第三方评估。作为评估团成员，我们专门对葡萄牙参与论坛情况进行了综合评估。

加强中国与葡语国家关系，可以在多个层面上着力推进，在中欧层面上，为进一步深化中欧全面战略伙伴关系，为中欧建立四大伙伴关系（和平、增长、改革、文明）发挥作用。从历史文化的角度看，葡萄牙在世界葡语国家中有着十分重要的地位，应该重视通过中国与葡语国家经贸合作论坛加强中国与葡萄牙关系、中国与世界葡语国家关系。深化中葡论坛作用，将有助于推动中国与葡萄牙关系的发展。

自中葡论坛成立以来，葡萄牙政府重视其作用，先后参加了五届部长级会议，尤其是最近一次的部长级会议，葡萄牙参会规格最高，2016 年葡萄牙总理科斯塔执政以来首次访华并出席中国—葡语国家经贸合作论坛（澳门）第五届部长级会议。

2003 年首届"中国—葡语国家经贸合作论坛"期间，中国内地及中国澳门特别行政区与安哥拉工商会（CCIA）、巴西出口促进局（APEX）、佛得角投资及出口旅游促进中心（PROMEX）、几内亚比绍私人投资促进局（DPIP）、莫桑比克出口促进局（IPEX）、葡萄牙投资贸易及观光局（ICEP）、东帝汶发展及环境部旅游与投资处 7 个葡语国家贸促机构和商会签订了《贸易促进机构/商会合作协议书》，并同意在此框架下在葡语国家轮流举办"中国与葡语国家企业经贸合作洽谈会"。2005 年 3 月，首届中国与葡语国家企业经贸合作洽谈会在安哥拉成功举办。随后，洽谈会连续在安哥拉、葡萄牙、莫桑比克、佛得角、巴西、东帝汶举办了 9 届，覆盖欧洲、南美洲、非洲和亚洲市场。共有来自中国和葡语国家的 3400 多名企业代表进行了2600多次商务接洽，涉及多个行业。洽谈会机制已经连续被写入中国—葡语国家经贸合作论坛《经贸合作行动纲领》，成为中国与葡语国家企业磋商对话和务实合作的有效平台。

迄今为止，葡萄牙首都里斯本分别于2006年4月10日和2010年6月23日举办了第二届、第六届企业经贸合作洽谈会，促进了葡萄牙与中国内地及澳门特别行政区和其他葡语国家企业界的联系。

中葡论坛推动了中国与葡萄牙政府、企业、商界之间的联系。2015年6月16日，中葡合作发展基金推介会在里斯本举行。时任中华人民共和国商务部副部长高燕与葡对外投资贸易局副主席莫加杜共同出席推介会并致辞。高燕在致辞中积极评价近年来中葡经贸合作成果，充分肯定中葡论坛在推动中国与葡语国家间经贸合作与人文交往方面发挥的重要作用。莫加杜表示，葡萄牙企业利用其在语言、文化、渠道等方面的优势，可帮助中国企业开拓其他葡语国家市场，实现互利共赢。中葡论坛常设秘书处和中葡基金管理公司相关负责人分别介绍了论坛和基金的有关情况。葡萄牙企业代表50余人参加了推介会。

“中国—葡萄牙—澳门特别行政区企业商机论坛”于2016年4月7日在葡萄牙举行，中国驻葡萄牙大使蔡润出席并讲话。“中国—葡萄牙—澳门特别行政区企业商机论坛”是中葡论坛框架下的经贸合作推广活动，由葡萄牙对外投资贸易局（AICEP）、中国国际贸易促进委员会和澳门特别行政区贸易投资促进局联合举办。葡萄牙外交部国际化国务秘书奥利维拉、对外投资贸易局主席弗拉斯基略等政、商界代表以及中国国际贸易促进委员会、澳门企业家代表团共100余人出席。

2016年11月15—16日，第一届“中国—葡萄牙商务论坛”在里斯本举办。本届论坛由葡萄牙葡中工商会和葡萄牙工业协会基金会发起并主办，得到了葡萄牙政府和中国驻葡萄牙大使馆的支持。论坛包括商务会议、投资与贸易会展和中葡优秀企业颁奖庆典三个部分。

中葡论坛推动了中国与葡萄牙地方经贸合作的开展。2017年2月27日，举行了常州—里斯本双边经贸文化合作洽谈会。本次洽谈会由常州市人民政府主办，澳门驻里斯本经济贸易办事处、葡语国家城市联盟和至善有限公司协办。洽谈会介绍了常州投资环境及西太湖产业园的情况，展示了常州传统文化。常州市人民政府副市长方国强、澳门驻里斯本经济贸易办事处主任柯天莲、葡语国家城市联盟秘书长维塔·拉马略、葡萄牙对外投资贸易局主任玛利亚·戈麦斯出席并致辞。

非洲国家多样性与中非共建"一带一路"

李新烽等*

2018 年 9 月在中国举行的中非合作论坛北京峰会将"一带一路"倡议与非洲发展对接。"一带一路"倡议与非洲国家发展战略对接，中非关系正呈现出新的发展形势。

一　非洲三国经济社会发展的差异与推进"一带一路"的基础性思考

非洲有 54 个国家。作为发展中大陆，非洲各国虽然有其共性，但是每个国家更有其鲜明的个性，而且处在不同的发展阶段。

---

* 课题组组长中国社会科学院西亚非洲研究所所长李新烽研究员，成员张永蓬研究员、李文刚副研究员、袁武副研究员、郭佳助理研究员。

（一）厄立特里亚：政治、经济发展特色明显，各领域发展呈积极势头

厄立特里亚位于东非红海沿岸，西接苏丹，南邻埃塞俄比亚和吉布提，虽是“非洲之角”小国，但地缘战略位置非常重要。历史上，厄立特里亚曾为意大利、英国的殖民地，“二战”结束后联合国将之交由埃塞俄比亚托管，后成为埃塞俄比亚的一个省。1993 年厄立特里亚独立，实行一党执政，总统伊萨亚斯·阿费沃基及其领导的人民民主和正义阵线（PFDJ，简称“人阵党”）自 1993 年独立执政迄今。厄立特里亚国内定居人口约 300 万人，有 9 个民族，其中，提格雷尼亚族约占国内人口的一半。国内信奉东正教和伊斯兰教的民众各半，少数人信奉天主教或非洲传统宗教，各民族、各宗教和睦相处，政治社会形势稳定。该国的战略位置和政局稳定是中厄开展“一带一路”合作的基础条件。

从政治层面看，厄立特里亚是“非洲之角”乃至非洲大陆具有较为独特的治理和发展模式的国家。国家实行总统制，其政府结构比较独特，即总统之下不设副总统，不设总理；各部部长之下不设副部长，部长直接对总统负责。这种政治框架的优点是行政决策不拖沓，总统及政府的政策能够得到及时有效的贯彻。同时，政府、妇联及工会组织网络及分支机构遍及全国，有着良好的国家动员及组织机制，这种机制为独立后国家尽快克服内外挑战和困难、实现社会稳定和经济发展创造了积

极条件。

从经济层面看，厄立特里亚独立以来最大的成绩就是基本实现了人民生活的稳定，基本解决了人民的吃饭问题。同时，向教育和医疗卫生等民生领域大力投入，实现从小学到大学的免费教育，国民收入的很大部分用于补贴人民医疗费用，以至于该国在教育和医疗领域成功实现了联合国千年发展目标，这在非洲国家是比较少有的。

但像多数非洲国家一样，厄立特里亚经济也存在结构性短板。首先，农业是基础产业，总统及政府非常重视农业，重视解决粮食自给问题。但农业技术含量低，农业生产主要靠天吃饭，干旱少雨年景时粮食歉收，直接影响国家粮食安全。其次，工业方面，产业结构仍显单一。全国仅有少数皮革加工及酒类、水泥等产业，且其产品主要供国内消费，不能支撑政府财政需求。作为主要产业的企业如水泥厂，能源消耗高、生产成本高，导致产品价格高于进口产品价格。矿业是支柱产业，但目前收入有限，利润尚有不足。

厄立特里亚社会秩序良好、环境整洁、民族宗教关系和谐、民众友善、中厄双边关系良好，这些因素都是推进“一带一路”倡议的有利条件。

（二）开放的吉布提：“一带一路”对接非洲的重要桥梁

吉布提地处非洲东北部亚丁湾西岸，北接厄立特里亚，西接埃塞俄比亚，扼红海进入印度洋的要冲曼德海峡，战略地位显要。1977 年 6 月 27 日吉布提宣告独立，哈桑·古莱德·阿普蒂敦（Hassan Gouled Aptidon）出任首任总统。吉布提独立后，古莱德总统同一些政党组成联合政府。1979 年古莱德取消多党制，成立争取进步人民联盟（简称“人盟”），于 1981 年确立一党制。此后人盟长期执政，政局保持稳定。2001 年实现全国和平。

吉布提于 1992 年宣布实行渐进式多党制，当年的首次多党立法选举中，人盟囊括所有议席。1999 年古莱德总统退休，盖莱当选总统。2002 年 9 月全面实行多党制。2003 年 1 月人盟等四党组成的“总统多数联盟”在立法选举中获得全部议席。2005 年 4 月盖莱赢得总统选举，蝉联总统。2008 年 2 月，“总统多数联盟”再次在立法选举中囊括全部议席。2011 年 4 月，盖莱再次蝉联总统。2013 年 2 月，吉布提举行立法选举，“总统多数联盟”赢得 65 个议席中的 55 席。2016 年 4 月，盖莱第三次蝉联总统。2018 年 2 月，吉举行立法选举，“总统多数联盟”赢得 65 个议席中的 57 席。目前吉政局稳定。

吉布提的政治、经济的开放透明，经济发展的各个领域几乎全都对外开放，特别是外汇政策非常宽松，给中资企业在吉布提发展提供了极大便利。中吉关系良好，中资企业在吉布提经营范围包括基础设施建设、能源、商业服务业等多领域，加之在亚吉铁路带动下正在形成经济综合辐射带，使吉布提成为“一带一路”对接非洲的重要示范国家。

（三）马里：中非合作的历史范例

马里位于非洲西部撒哈拉沙漠南缘，为西非内陆国家。历史上曾是加纳帝国、马里帝国和桑海帝国的中心地区。1895 年沦为法国殖民地。1958 年 5 月成为“法兰西共同体”内的“自治共和国”。1959 年 4 月与塞内加尔结成马里联邦。1960 年 9 月 22 日独立，莫迪博・凯塔当选首任总统。1968 年 11 月，穆萨・特拉奥雷政变上台。1991 年 3 月阿马杜・图马尼・杜尔发动政变，建立军人过渡政权。1992 年 1 月，公民投票通过了新宪法。4 月举行全国大选，非洲团结正义党候选人阿尔法・乌马尔・科纳雷当选总统，6 月宣誓就职，成立第三共和国。

总体上，马里是有着厚重非洲传统历史文化的典型的非洲国家，也是西非地区有影响力的大国。自 1960 年与中国建交以来，中马双边关系良好，中国曾为马里援建纺织厂、糖厂、皮革厂、制药厂、体育场、会议大厦、医院、巴马科第三大桥等项目。马里是中非传统友好的重要实践国家。进入 21 世纪以来，中马互利合作发展较为顺利，但仍有较大发展空间。目前在马里的外资企业主要有法国、加拿大、南非、加纳等国企业，中国企业数量尚为有限。

总体上看，中国与马里的经济合作时间更早，有着更为深厚的历史基础，中非合作更强调建立在市场原则基础上的双赢；马里地处西非地区，从中非合作的总体局面看，中马合作对推动“一带一路”倡议发展，推动西非地区发展具有重要意义。

总之，非洲国家发展差异性比较明显，同样地处东非地区的厄立特里亚和吉布提有明显差异，地处西非的马里与上述两国又有不同，三国在资源禀赋、治国理政、经济政策和实践、社会文化等方面都有所不同。实际上，非洲各地区范围内各国均有自身特点和相互间的差异性，体现在政治制度、发展水平、民族宗教、历史文化以及对国际事务的看法等各方面，这是“一带一路”对接非洲需要考虑的重要现实，关系到非洲民众对于中国、中非关系及“一带一路”倡议的不同认知，也关系到相关国家对接“一带一路”的政策取向和动力基础，也会决定其与中国双边关系及双边合作发展的深度与广度。在总体推进中非“一带一路”合作的同时，要关注非洲国家的发展差异性，携手构建中非命运共同体。

二 厄立特里亚、吉布提、马里智库交流：“一带一路”政策沟通、民心相通

（一）厄立特里亚

2018年6月13日，由中国驻厄立特里亚大使馆主办、厄立特里亚战略研究中心协办，召开主题为“‘一带一路’与中非关系——厄立特里亚的角色”的大型高规格国际研讨会，来自厄立特里亚执政党人阵党、政府外交部、新闻部、国家发展部、农业部、财政部、公共工程部、劳动与社会福利部、国家高教委员会、信息与资料中心、政府智库厄立特里亚战略研究中心、

高校等十多个党政部门的司局级官员及相关官员、学者近 70 人出席研讨会，中国驻厄立特里亚使馆和来自驻厄中资企业、孔子学院、医疗队等十多家中方机构的 20 余人出席研讨会。

中国驻厄立特里亚大使杨子刚致开幕词并全程出席研讨会，中国社会科学院代表团参与了本次国际研讨会。由中方代表团成员张永蓬研究员做主题为《“一带一路”与中非关系发展——厄立特里亚的角色》的主旨发言。张永蓬研究员全面介绍了“一带一路”的历史背景。“一带一路”理念的提出、发展与取得的成效及其深远的国际影响。主要观点有：其一，作为“一带一路”的基础，古丝绸之路和海上通道在历史上是中国与外部世界贸易联系的主要通道，是传播和沟通东西方文化、文明的和平友好之路。其二，进入 21 世纪以来，中方提出的“一带一路”理念是加强中国与世界经济、文化交流的新的时代理念，是解决和应对当今全球性问题和挑战的中国方案。其三，“一带一路”和中非合作论坛可以互为补充，二者在合作政策和目标上具有一致性。“一带一路”框架下的政策沟通、设施联通、贸易畅通、资金融通、民心相通，在政策和措施等内涵层面都可对中非合作论坛形成重要补充和策应。二者的不同主要在于：“一带一路”是开放包容的全球性的合作倡议，中非合作论坛是中国与非洲合作的区域性平台，同时具有一定开放性；二者资金来源有所不同：中非合作论坛资金来源主要有中国政府援款和中国进出口银行、中非发展基金、非洲中小企业发展专项贷款、“中非产能合作基金”等政策性和商业贷款，有综合性特点。而"一带一路"则主要侧重于商业性原则，资金来源包括丝路基金、亚洲基础设施投资银行、金砖国家开发银行、上合组织开发银行四大资金池；中非合作论坛与"一带一路"是局部与宏观、地区与全球发展平台和理念的相互补充，二者可成为推动中非关系持续深化发展的双驱动框架。其四，中厄友好关系长期健康发展，厄立特里亚已经成为中非合作论坛和"一带一路"的重要合作方和参与方，中厄在矿业、农业、基础设施建设、医疗卫生、旅游等经济社会领域合作潜力巨大、前景广阔。

厄方人士认为中国应在更多领域发挥大国作用，"一带一路"倡议是具有全球发展视野的国际公共产品，对于助力厄立特里亚实现现代化发展具有重要意义。

中厄在民生和人文交流领域的合作可圈可点，助力"一带一路"民心相通。中国向厄立特里亚派出医疗队，建立了孔子学院。中国援厄医疗队是 1997 年由河南省派出，2018 年第十一批 18 名医疗队员派往厄立特里亚实施为期一年的医疗援助任务。援厄医疗队克服远离祖国亲人、缺水停电、高原反应等多种困难，尽心竭力地为当地人民提供医疗服务，与厄医务人员建立了良好的工作关系，被当地人民称为"传播中厄友谊的使者""白衣天使"，为加强中厄及中非友好做出贡献。

厄立特里亚孔子学院是中国汉办与厄立特里亚高等教育委员会合办，故又称厄立特里亚高等教育委员会孔子学院。孔子学院成立于 2013 年，办公地点位于厄立特里亚大学医学院。孔子学院汉语教育是免费的，自建立以来，已有5000人次到孔子学院学习。开设课程有：汉语教学、书法、中国舞蹈、太极拳、中国歌曲。孔子学院每年举办汉语桥歌曲预赛，和厄立特里亚文体委合作创办了书法培训班。2018年举办了音乐声乐、舞蹈、计算机3个培训班。厄立特里亚高教委每年选派中国政府奖学金学生和官员去中国留学；每年组织一次教育官员访问团访问中国两个城市，为期10天。孔子学院每年还举办大量中国文化推广活动，如在中国传统节日办文艺演出，参加厄国庆庆典等活动。孔子学院在促进双方文化交流方面发挥了重要桥梁和堡垒作用。

（二）吉布提

中国与吉布提的经贸往来十分活跃，可作为“一带一路”对接的项目也较多。例如，中国招商局集团、大连港集团与吉布提政府合作建设吉布提国际自贸区，总体开发目标是：建设成为吉布提发展的新引擎、东非地区的金融、航运、贸易中心。中方在吉布提港口扩建以及配套基础设施建设上的投资已经接近150亿美元。除了港口，中国企业还参与到吉布提与埃塞俄比亚引水项目、吉布提国内公路、盐化工工业园、吉布提与埃塞俄比亚石油天然气输送液化项目、吉布提与埃塞俄比亚油气长输管道、燃煤发电厂、达之路吉布提经济特区、丝路国际银行等项目的建设中。从进入吉布提的直观印象看，整个吉布提市就是一个大工地，类似于亚的斯亚贝巴，而其中很多项目的标语标志和建筑风格一看便知是出自中国企业之手。通过经济合作，吉布提人民对进一步深化中吉合作充满期待。

吉布提大学成立于2000年，有科学院、法学院、培训中心等院系，共有260个教室，与法国、比利时大学及阿拉伯马格里布地区的大学有合作。吉布提大学与中国武汉理工大学和北京大学亦有合作。中国在吉布提没有留学生，吉布提有不少学生在中国留学，其中一部分留学生在武汉学习工程技术。吉布提大学表示希望和亚洲国家加强学术交流。此外，双方就非洲跨界民族问题、中国与吉布提关系、“一带一路”倡议与中非关系进行了交流与互动。调研组总体感觉是：相对于中吉经济合作的密切性，双边人文交流互鉴尚有较大拓展空间，中吉双边应在“一带一路”合作中进一步加强文明交流互鉴，提升文化合作层级。

（三）马里

马里是西非文明古国，对于“一带一路”下中非文明互鉴和民心相通具有重要对接意义和潜力。

除了援助和经贸往来，中国还与马里开展了国际医疗合作。1968年，中国第一批援马医疗队由浙江卫计委派遣到马里，50年没有中断过。现为第25批医疗队，任期2年。医疗队最多时有31位专家，现有21位专家。2011年之前，中国医疗队员分布在马里各省3个点，2011年集中到首都巴马科。目前中国当地医疗队不断革新援助方式，从以前满足基本医疗需求，变成了培训当地缺少的医疗项目。例如，马里急需脑外科医生，中国医疗队连续几年向马派出脑外科医生，培训马里医务人员，帮助马里医院建立了脑外科。随着当地脑外科的建立和发展，现在集中建设缺乏专业医生的眼科。不仅如此，现在医疗队还配合当地做疾病防控，如建设疟疾和艾滋病防治中心。

中国驻马里医疗队队长认为，医疗队对中非友谊意义重大。中国应根据马里需求和当地卫生水平的变化，派出医疗专家。医疗援助的内容可以因地制宜进行调整，他建议拓展医疗合作内容，“中加友好心脏中心”使得中国医疗队的金字招牌更加深入人心；协助建立疾病防控体系；加强中非医疗合作。引进国际合作伙伴，扩大国际影响；在缺医少药的贫困国家，需加强到基层巡诊。

从上述情况看，非洲国家的多样性决定了双方开展合作的路径和方式。

（四）“一带一路”倡议与非洲发展的深度接轨

中厄关系保持友好，和平的周边环境为厄融入地区发展提供了条件，在中国与东非国家推动“一带一路”合作的大环境下，厄立特里亚加入这一进程无疑是顺应发展潮流，中厄合作项目的顺利推进证明了这一点。

近年来中国与吉布提关系发展顺利。2017 年吉布提顶住美国压力，允许中国在吉布提设立保障基地，彰显了吉布提政府与中国合作的坚定信心。目前中国与吉布提在多领域的合作成果非常丰硕，人们能够从中吉合作中看到未来吉布提作为非洲自由港的美好前景，中吉“一带一路”合作前程广阔。

中国在20世纪60年代，曾向马里提供了大量援助。马里的老一辈的人对此还有记忆。目前马里与中国关系发展良好，稳定的政局和经济发展有利于中马“一带一路”合作。

近年来“一带一路”倡议逐渐在国际社会产生较大影响。“一带一路”的推进还要实现从“大写意”到“工笔画”的历史性转变。一方面，要加强合作、共赢，落实“共商、共建、共享”原则。另一方面，要将“一带一路”倡议实施与构建中非命运共同体深度对接。

三 结论与相关思考及建议

对厄立特里亚、吉布提和马里三个非洲国家的调研表明，三国各自国情既有非洲国家的共性特点，也有个性特点。共性特点是都保持对中国的友好合作关系，中国企业在三国均有项目；个性特点是与中国合作的经纬度有所不同。总体看，尽管程度不同，但三国都有与中国对接共建“一带一路”的意愿和基础。从非洲共性的角度看，“一带一路”在非洲的对接与发展将具有积极良好的前景，潜力巨大。

（一）应加强国内非洲研究力量，重视对非洲国家的基础性研究

目前有国内学者对部分非洲国家进行长期跟踪研究，但并

没有覆盖非洲所有国家。中非学术交流从地域看，主要集中在北部、东部和南部非洲；从国别看，主要集中在一些大国，如埃及、埃塞俄比亚、肯尼亚、尼日利亚、南非等国，与西非、中部非洲广大中小国家的交流比较欠缺。此次调研的这三个国家，基本上是中国学者之前几乎很少涉足的国家，特别是东非的厄立特里亚和西非的马里。除尼日利亚等国外，中国人对更为遥远的西非地区还是非常陌生的。顺便指出，2018 年习近平主席对西非国家塞内加尔的访问，已经引发中国学者对西非国家的极大关注，客观上推动了中国对西非国家的研究。此外，由于国别研究成果小众且发表极其困难，大多数学者不愿意从事此类基础研究，多数研究是针对整个非洲大陆，难免形成以共性掩盖个性的片面结果。因此，针对非洲国家的多样性现实，国内研究力量有必要加强对非洲国别的跟踪研究。

（二）加强与非洲国家学术机构和学者的交流

毋庸置疑，中非学术交流对于加深双方的理解不可或缺。长期以来，中国关于非洲的知识很大程度上依赖于西方的文献，也就是说中国是通过西方来认识非洲的；非洲关于中国的知识也是通过西方这个中介。这种情况不可避免地会陷入西方的话语霸权以及知识体系。改革开放四十多年来，中国综合国力显著提高，现在国家财政完全可以支持中非之间的直接学术交流。构建中国特色的哲学社会科学体系，这种直接交流尤为重要。对非学术交流不能仅仅限于中非关系，重点应放在非洲本身。

如果将对非学术交流的内容仅仅限于中非关系，那么我们关于非洲自身的情况就难以搞清楚，关于非洲的知识还得依赖西方这个“中介”，还是摆脱不了受其话语体系和知识体系的禁锢。此外，不了解非洲自身，也很难认清楚中非关系中存在的一些问题，也就谈不上给党和国家的对非政策提供高质量的智库产品了。建议国家加大对涉非基础学术研究和学术交流的支持，课题设置和招标过程中应朝此方向适度倾斜。习近平主席在中非合作论坛北京峰会上宣布，成立“中国非洲研究院”。这对于中国的非洲研究无疑是个好消息。在非洲三国调研期间，调研组发现其实非洲学者也希望与亚洲特别是中国的学者建立联系，希望非洲的大学能够建立亚洲（中国研究）中心，加强两个大洲之间的交流与合作。因此，建议中国非洲研究院也应该是一个开放性和国际化的学术研究机构和智库，特别是应该吸引非洲本土的学者加入其中，中非学者携手一道创造关于非洲、中国和中非关系的知识体系和话语体系。这无疑对打造更加紧密的中非命运共同体是至关重要的。

（三）促进中非合作进一步向民生领域倾斜

中非合作为非洲经济社会的可持续发展、改善非洲基础设施状况做出了积极贡献，为当地创造了不少就业机会。但是，非洲民生领域的问题，特别是贫困和年轻人的失业问题比较突出。这些问题如果得不到妥善解决，生活无着落的年轻人容易受到极端势力的引诱，成为社会不稳定甚至是极端势力滋生的一个重要因素。当前，非洲国家面临着发展振兴的任务，将中非合作的成果惠及更多非洲普通民众，有助于非洲国家通过发展来解决自身面临的挑战，有助于塑造中国在非洲民众中的良好形象，有助于展示中国负责任大国的风采，有助于推动“一带一路”合作、构建更加紧密的中非命运共同体。

（四）及时引导企业投资、开展前瞻性研究

在非洲三国调研期间，调研团实地调研了多家中资企业并进行了座谈，收获颇丰。自1995年中国企业实施“走出去”战略之后，中国企业在非洲业务快速发展。总体而言，经过一个时期的快速发展之后，中国企业在非洲承接了大量的基建、援助项目，为推动中非共同发展、实现共赢做出了巨大贡献。随着“一带一路”倡议和中非产能合作的推进，中国企业在非洲的发展也面临战略选择。例如，一些中资企业代表提及中资企业未来以招投标方式在非洲市场拿项目的模式可能会越来越难，而在当地投资建厂模式可能更受欢迎。这实际上也契合中国政府这几年推进的中非产能合作政策。因此，我方学者对于中非经济合作领域要进行前瞻性研究，为国家和政府决策提供更加准确的信息。

（五）在与非洲国家合作对接“一带一路”倡议时，应逐案处理

在国别基础上推动与非洲的“一带一路”合作，符合2018

年中非合作论坛北京峰会的精神。“一带一路”倡议提出5年来，在“共商、共建、共享”的原则下，特别是随着蒙内铁路等一些标志性项目的顺利实施，越来越多的非洲国家热切期待参与其中，加速本国的发展。习近平主席于2018年7月访非期间强调，把中非共建“一带一路”与非洲2030年议程、《2063年议程》及非洲各国发展战略结合起来，在更高质量、更高水平上实现中非合作共赢、共同发展。北京峰会提出要将中国的发展规划与非盟发展规划以及非洲各国的国别规划相对接，充分说明中国政府也日益认识到非洲国家的多样性对于中非合作顺利发展的重要意义。“一带一路”倡议的顺利推进，说到底是要将合作计划和行动落到具体的国别。这就要求在开展北京峰会提出的八大行动计划时，要针对不同的国别，制定不同的具体实施步骤方案。以此次调研的国家为例：中国和马里、中国和吉布提合作时，安全领域的合作都是重中之重，但在马里可能更多的资源是用于应对恐怖主义和极端势力的影响，而中国与吉布提的合作则是在夯实经济合作的同时，打造中国保障基地、打击印度洋及亚丁湾地区海盗的合作。在其他领域，中国与不同非洲国家合作的侧重点和方式都不尽相同。这就要求我们应充分认识到非洲国家的差异性，在“一带一路”合作框架下，制定一国一策，保障相关合作项目的顺利推进。

（六）创新思路提高援非医疗队的有效性

为实现中非双方卫生领域的互利共赢，中国应有针对性地调整工作思路，着眼长远，有所作为。应提高援非医疗队医务人员的待遇，加大针对其各种优惠政策的保障、落实力度；在强调大局、奉献意识的同时，要正视医务人员自身的利益诉求，在薪金待遇、休假制度、家属随任、职称晋升、岗位聘用等方面应有一定的政策倾斜；找到中非卫生合作的薄弱点，创新工作方式。对非药械援助或医院援建要根据受援国的实际需要，讲求针对性、实用性、有效性。政企合作加快药企 PQ 认证进程，增强企业国际竞争力；建设好中非友好医院，亦可在少数非洲国家试点建设“中国医疗支持中心”（Centre for China Medical Support）。“中心”的硬件和软件，包括场地建筑、医疗设备和人员、技术等，均由中方独立建设和提供，资金来自援款，作为援助项目。医疗支持中心的职能包括三大块：人道主义救治；医疗培训；充当中国对非医疗援助和双边卫生合作的纽带。

中非合作的典范

——“一带一路”倡议下的中国与肯尼亚合作

郑筱筠 李维建*

一 中肯两国合作的背景

肯尼亚是撒哈拉以南经济基础最好的非洲国家，也是非洲最大的贸易市场之一。2015 年肯尼亚 GDP 增长率为 5.3%，2016 年达到 7%。肯尼亚资源丰富，自然条件适宜且旅游资源丰裕，其金融、航空、物流等配套设施也较为发达。肯尼亚将完善交通运输设施建设作为实现其“2030 远景”目标的重要支柱之一，近年来更是加大投入力度，公路、机场和码头建设方

* 郑筱筠，中国社会科学院世界宗教研究所所长、研究员；李维建，中国社会科学院世界宗教研究所研究员。

兴未艾，并积极筹划铁路建设。肯尼亚地理位置优越，是非洲的门户和运输枢纽，其港口对邻国的贸易能力相当强。肯尼亚政府推动"2030 远景规划"，期望在 2030 年前发展成为中等收入新型工业化国家。肯尼亚是"一带一路"倡议的重要参与者。肯尼亚和中国双边关系良好。2013 年，习近平主席提出"一带一路"倡议时，肯尼亚立即表示支持，"一带一路"倡议为加深中非——尤其是中肯合作带来重要发展机遇。

2013 年 8 月，在肯尼亚总统肯雅塔访华期间，两国宣布建立平等互信、互利共赢的全面合作伙伴关系，之后中国成为肯尼亚第一大直接投资来源国和第二大贸易伙伴。2014 年 5 月，李克强总理访问非盟总部和包括肯尼亚在内的非洲四国，提出了以"461"为核心的中非合作框架。新框架中的中非"六大合作工程"和"三大交通网络"是合作重点，很多内容惠及肯尼亚。比如，中肯签署"蒙巴萨—内罗毕"铁路项目共同融资协议，在肯建设"中非联合研究中心"等。

肯尼亚制定了《2030 年愿景》——来提升人民的生活水平，希望肯尼亚人民在 2030 年之前过上富裕的生活。肯尼亚目前推动与中国合作提升素质教育。两国在工业化方面合作进展良好，为年轻人创造了就业岗位，也增加了民众收入。中肯在供水领域开展合作。在一些农村地区，有不少中方实施的项目在各社区提供供水服务。双方不断加强合作，也有利于肯尼亚逐步消除贫困。

二　中肯“一带一路”合作的制度框架与政治互信

肯尼亚是“一带一路”节点上的重要国家，是中国投资非洲的桥头堡。中肯共建“一带一路”，是两国人民的共同需要和期盼。

（一）“一带一路”合作框架

2013 年 9 月和 10 月，中国国家主席习近平先后提出建设“丝绸之路经济带”和“21 世纪海上丝绸之路”的合作倡议。“一带一路”倡议旨在借用古代丝绸之路的历史符号，高举和平发展的旗帜，积极发展与沿线国家的经济合作伙伴关系，共同打造政治互信、经济融合、文化包容的利益共同体、命运共同体和责任共同体。“一带一路”倡议是中肯合作的重要依托和平台。

（二）“中非合作论坛”合作框架

“中非合作论坛”是中国和非洲国家之间在南南合作范畴内的集体对话机制，成立于 2000 年。论坛的宗旨是平等互利、平等磋商、增进了解、扩大共识、加强友谊、促进合作。论坛的成员包括中国和 53 个非洲国家以及非洲联盟委员会。“中非合作论坛”部长级会议每 3 年举行一届。部长级会议召开前一年举行一次高官会议，为部长级会议做准备。2018 年第七届中非合作论坛北京峰会于 9 月 3 日至 4 日在北京举行。该次峰会主题为“合作共赢，携手构建更加紧密的中非命运共同体”。中肯两国在“一带一路”方面的许多合作，都可以在“中非合作论坛”的框架下进行。

（三）中非“461”合作框架

李克强总理 2014 年 5 月 7 日分别会见了出席第 24 届世界经济论坛非洲峰会的坦桑尼亚、贝宁、多哥三国总统和马里总理。会见中，四国领导人对李克强在非盟演讲中提出的中非“461”合作框架高度赞许。“461”中非合作框架，即坚持平等相待、团结互信、包容发展、创新合作四项原则，推进产业合作、金融合作、减贫合作、生态环保合作、人文交流合作、和平安全合作六大工程，完善中非合作论坛这一重要平台，打造中非合作升级版，携手共创中非关系发展更加美好的未来。

（四）中肯两国合作机制和协定

多年来，中肯两国在长期合作的基础上，逐渐形成了多层次、多方面的合作机制。有政府间的合作，有民间的合作，而政府间和民间的合作，又分别分为多种层次，有时二者又形成立体交叉的合作格局。如 2018 年 11 月，中肯双方一致同意，在中肯经贸联委会机制项下建立“一带一路”贸易畅通工作组机制，重点协调解决推进“一带一路”贸易畅通中出现的突出困难和问题，研究发掘双边贸易潜力，提升双边贸易质量和水平。双方就此签署了相关合作谅解备忘录。

同时，在多种合作机制的保障下，中肯签订了大量的、涉及各领域的合作协议。协议不仅涉及政府间的，也有民间的，有关于政治的，更多的是经贸和文化领域的协议。2005 年，肯尼亚共和国总统姆瓦伊·齐贝吉访华期间，两国签订了一系列合作协议，包括《中华人民共和国政府和肯尼亚共和国政府经济技术合作协定》《中华人民共和国政府和肯尼亚共和国政府关于中国向肯尼亚提供优惠贷款的框架协议》《中华人民共和国政府和肯尼亚共和国政府航班协定》《中华人民共和国质量监督检验检疫总局和肯尼亚标准局合作协议》《中华人民共和国国家广播电影电视总局和肯尼亚共和国新闻和通讯部关于广播合作的换函》等。

（五）中肯高层互访，增加政治互信

中肯两国的交往交流，在两国外交和中非合作的框架内开展。有国家领导人互访，部长级会谈、磋商，民间商业、文化交流等多种交流合作机制。

从国家领导人互访层面，可以看出中肯两国的互动交流频繁，两国政治互信不断增强。2005 年 8 月，时任中国国家主席胡锦涛在人民大会堂北大厅举行仪式，欢迎肯尼亚总统姆瓦伊·齐贝吉访华；2006 年 4 月，时任中国国家主席胡锦涛对肯

尼亚进行国事访问，推动中肯友好合作关系进一步发展；2005年8月15日至19日，肯尼亚共和国总统姆瓦伊·齐贝吉对中国进行国事访问；2018年9月4日，国家主席习近平在人民大会堂会见肯尼亚总统肯雅塔；2018年11月，国家主席习近平在上海会见肯尼亚总统肯雅塔。

两国之间的频繁互动和政治互信不断增强，为共建“一带一路”创造了有利条件。

三　“一带一路”框架下中肯合作取得巨大成就

“一带一路”倡议提出后，中肯两国合作有了新的平台和渠道。“一带一路”倡议不只是经济的合作，还要在经济合作的基础上，实现“民心相通”，文化交流交往是重要内容。经济合作和文化的交流，又会促进政治的交往和互信，形成两国关系的良性循环。

（一）经济合作

两国贸易进入发展快车道。2006—2015年，两国贸易并未受金融危机冲击及金融危机后全球经济低迷的影响，贸易总额连创新高。2016年双边贸易总额虽下滑至56.85亿美元，但也处在历史第二高位。“一带一路”倡议，重点投资领域在基础设施方面，如公路、铁路、海港、电厂、大坝、信息通信基础工程等，其中最有代表性的是蒙内铁路工程等。

1. 蒙内铁路

蒙巴萨—内罗毕标轨铁路（蒙内铁路）全长约 480 千米，东起肯尼亚东部港口蒙巴萨，西至首都内罗毕，这条肯尼亚独立以来的首条新铁路由中国企业承建，全线采用中国标准。蒙内铁路正线采用单线，为内燃机系统，设计客运时速 120 千米、货运时速 80 千米，设计运力 2500 万吨，采用中国国铁一级标准进行设计施工。蒙内铁路是中国帮助肯尼亚修建的一条全线采用中国标准的标轨铁路，是肯尼亚独立以来的最大基础设施建设项目，也是肯尼亚实现 2030 年国家发展愿景的“旗舰工程”，于 2014 年 9 月开工，2017 年 5 月 31 日建成通车。蒙内铁路是肯尼亚近百年来新建的第一条铁路，将进一步完善东非铁路网，增加东非国家的运力，推进东非地区的互联互通和一体化建设，连接起肯尼亚、坦桑尼亚、乌干达、卢旺达、布隆迪和南苏丹等东非 6 国，促进各国经济发展。蒙内铁路是中非从次区域合作起步，共同建设非洲高速铁路、高速公路和区域航空三大网络的重大项目。2014 年 6 月 30 日上午，中国中车旗下的大连机车车辆有限公司举行首批出口肯尼亚机车交车仪式。该批机车共 13 台，以东风 4D 型机车为原型设计，同时兼顾当地的运用环境进行了设计和优化，最高运行时速 100 千米。

2. 公路项目

内罗毕—锡卡高速公路项目

公路全长近 50 千米，是连接首都内罗毕与北部工业城镇锡卡的主干道，中国公司承建公路改造扩建工程，将原来的双向四车道扩至双向八车道，其中有肯尼亚乃至东非地区最长的双向四车道公路桥、地下通道、人行天桥等，技术含量达到国际高速公路标准。

3. 自贸区建设、产业园区建设与经营

（1）蒙巴萨自贸区和“北部经济走廊”

蒙巴萨港是东非第一大港口、非洲第二大港，是肯尼亚对外贸易的战略性港口。2014 年 2 月，肯尼亚在蒙巴萨建立该国首个自由贸易区，以加强和提升东部、中部和南部非洲地区间的区域内贸易。2016 年，肯尼亚和乌干达携手发布了“北部经济走廊总体规划”，以蒙巴萨港为东部起点，通过公路、铁路、水路和管道等基础设施，连接乌干达、布隆迪、南苏丹、刚果（金）等国，为东非经济发展创造条件。肯尼亚自贸区的启动，表明非洲各国正在稳步推进非洲大陆自由贸易区建设的步伐，也预示着中非经贸合作迈向更高层次的新机遇正在到来。

（2）拉姆自贸区与“拉姆港—南苏丹—埃塞俄比亚运输走廊”

拉姆港位于印度洋拉姆群岛，与蒙巴萨距离 341 千米。肯尼亚正在这里修建新的国际化港口，并建立自由贸易区，还将以拉姆港为核心，打造“拉姆走廊”。该走廊蕴含的潜力相当可观，可拉动肯尼亚北部发展，激活与南苏丹、埃塞俄比亚及大湖地区的经贸合作。

（3）肯尼亚珠江经济特区

2015 年 9 月，肯尼亚总统正式签署《2015 经济特区法案》。

2017 年 7 月，在肯尼亚埃尔多雷特，肯尼亚副总统鲁托等嘉宾为珠江经济特区揭牌。肯尼亚珠江经济特区位于肯尼亚中西部第二大城市、全国第五大城市埃尔多雷特市。项目总规划面积 9 平方千米，首期规划面积 3 平方千米。

珠江经济特区借鉴中国工业园区发展经验，灵活结合本地特色，打造区域价值高地，将建设成为东非乃至整个非洲有发展实力的经济特区。在未来的发展中，珠江经济特区将以农产品加工业、高新技术产业、家具业、轻工业（纺织服装）、机械、建筑六大产业为龙头，以原材料加工为主体，全面打造工程、营销和贸易并进发展的经济特区。2015 年 9 月，肯尼亚总统正式签署《2015 经济特区法案》，旨在创造对投资者有利的营商环境。特区每年将创造超过 30 亿美元生产价值。全面运营后将直接创造超过 40000 个工作岗位，间接提供 90000 个就业机会。

（二）教育、人文交流与文化合作

1. “中非联合研究交流计划”

“中非联合研究交流计划”启动仪式 2010 年在北京举行，该计划是中国时任总理温家宝在中非合作论坛第四届部长级会议上宣布的对非合作新八项举措之一，是巩固中非友好民意基础、深化中非新型战略伙伴关系的重要措施。“中非联合研究交流计划”以求真务实的精神，从战略高度谋划中非关系发展大计，探索中非互利合作的途径，促进中非人文的广泛交流，推动国际社会增加对非洲的关注和支持。非洲方面也高度评价该项目，称“中非联合研究交流计划”的启动，是中方积极落实论坛成果的又一个重要行动，非方愿与中方共同努力，加强中非友好互利合作，促进非洲和平与发展。非方学者表示愿与中国同行加强交流，分享和借鉴彼此发展经验，为促进中非关系发展做出应有贡献。近十年，在该项目下，中非双方学者进行了大量的学术合作，其中，中肯两国的合作研究是其重要构成部分，完成了大量研究课题，出版了一批学术成果。

2. 内罗毕大学孔子学院

内罗毕大学孔子学院由天津师范大学和肯尼亚内罗毕大学共同创办，是非洲首家孔子学院，2005 年 12 月 19 日揭牌成立。学院秉承“友谊、合作、发展、共赢”的建院理念，以汉语国际教育为核心，以推介中国文化为重点，以推动中肯交流与发展为目标，坚持制度化管理、规范化发展。招生对象是内罗毕大学非汉语专业和社会各界对汉语感兴趣者，课程以“实用为本，交际先行”为特点，突出语言技能教学，强化语言交流能力的培养和提高，全部课程两学期学完，通过结业考试者获孔子学院颁发的合格证书，并有资格参加 HSK2 级考试。现有 3 个班 95 名学员。

3. 中非联合研究中心

2018 年 12 月，肯尼亚教育部与中国科学院在内罗毕签署了《关于发展运营中非联合研究中心的谅解备忘录》，将以中非联合研究中心为平台，深化在农业、医疗卫生、生物多样性保护、生态环境监测、可持续发展等领域的中非科研合作。肯尼亚教育部部长阿明娜·穆罕默德表示，“希望通过学术交流和培训合作，推动肯尼亚产学研一体化发展，助力打造创新创业中心”，“中肯两国高等教育机构和科学家之间的合作将加强两国关系，肯尼亚将以此合作为契机，为实现‘2016—2025 非洲大陆教育战略’和‘肯尼亚 2030 年愿景’提供助力”。作为中非共建的首个大型综合性科教机构，中非联合研究中心位于内罗毕乔莫·肯雅塔农业技术大学校园内（Jomo Kenytta University of Agriculture and Technology，JKUAT），汇聚了来自中国 18 家科研单位的力量，从 2013 年立项至今，已与肯尼亚、坦桑尼亚和埃塞俄比亚等国 20 家科教机构展开合作，先后启动 45 个合作研究项目，为非洲各国培养了 122 名研究生、160 余名管理和专业技术人员。

四 “一带一路”框架下的中肯合作潜力无限

中肯合作符合两国人民的根本利益，符合历史发展的方向，合作潜力无限。肯尼亚是东非地区的政治经济金融中心和交通枢纽，正成为“一带一路”建设关键支点国家以及中非产能合作“先行先试”示范国，深入研究中肯经贸合作的现状与前景将为新时期中非合作的开展提供重要借鉴。

首先，中肯合作共建“一带一路”，有两国政府和人民的倾力支持。两国人民向往美好生活的巨大动力，是中肯合作的根本原因。两国政府积极创造条件，为合作保驾护航。中华人民共和国商务部投资促进事务局负责执行国家"引进来"和"走出去"政策，服务于地方招商引资和企业对外投资。近年来，商务部投资促进事务局不断完善投资促进服务内容，积极开展专业化、国际化、信息化的投资促进机制建设，致力于整合国内、国外两种资源，搭建以产业为主线的跨境投资促进平台，为国内外投资者和引资者创造更多更有实效的交流对接、投资合作机会。

其次，中肯两国合作的领域广泛，合作天地广阔。除了工业、经济、商贸、文化等领域外，农业领域的合作潜力巨大。农业合作契合双方各自发展特点与合作需求，符合中肯共同愿望和根本利益。两国可启动农业联合技术工作组机制，搭建农业投资合作平台，发挥政府的宏观指导和统筹协调作用，为双方企业开展农业投资与贸易合作营造良好环境。双方应推动中肯农业科技合作，为两国农业合作提供智力支撑。发挥科研机构技术研发优势，加强双方农业科研合作与交流，重点围绕农业增产增效、动植物疫病防控、农产品质量安全等领域，加快技术成果转化和转移。

参考资料

一　论文

1. 田丰、曾省存：《"一带一路"背景下中肯合作现状与前景》，《财经智库》2018 年第 4 期。

2. 徐国庆:《“一带一路”倡议与中非关系发展》,《晋阳学刊》2018年第6期。

3. 罗恒、卡罗莱·穆西米、刘清堂:《“一带一路”倡议下职业教育国际合作模式探究——以中国—肯尼亚职教项目为例》,《比较教育研究》2018年第9期。

4. 张海冰:《发展引导型援助:中国对非洲援助模式探讨》,《世界经济研究》2012年第12期。

5. 马建如、裴亮、魏显虎、张宗科:《基于肯尼亚城市扩张分析推进“一带一路”建设》,《测绘与空间地理信息》2018年第8期。

二　专著

1. 推进“一带一路”建设工作领导小组办公室:《共建“一带一路”》,外文出版社2017年版。

2. 杨立华:《中国与非洲经贸合作发展总体战略研究》,中国社会科学出版社2013年版。

“一带一路”倡议下发展与摩洛哥、科特迪瓦和加蓬的务实合作

邹治波　赵　海　沈　陈*

一　非洲“一带一路”建设，携手构建中非命运共同体

（一）摩洛哥

1. 国家概况与中摩关系

摩洛哥战略位置非常重要，它北临地中海，与欧洲的西班牙仅隔一条直布罗陀海峡，西临大西洋，与美洲大陆隔海相望，向东即北非阿拉伯国家，与中东相通，向南则辐射整个非洲大

* 邹治波，中国社会科学院世界经济与政治研究所副所长、纪委书记、研究员；赵海、沈陈，中国社会科学院世界经济与政治研究所助理研究员。

陆。摩洛哥拥有丹吉尔等天然良港，因其占据着非洲大陆西北角，拥有陆海空枢纽的独特地位，同时国内基础设施建设水平较高，高速公路超过1500千米，正在建设南北纵向高速铁路。

摩洛哥主要矿产是磷酸盐，储量600亿吨，居世界第一。摩洛哥99%的人口是阿拉伯—柏尔人，信仰逊尼派伊斯兰教，主要语言是阿拉伯语和法语。摩洛哥自然资源有限，全民识字率超过70%，人力资源和旅游资源丰富，因此旅游和侨汇是外汇的主要来源。近年来，摩洛哥的金融业发展较快，主要银行在欧洲和非洲广泛开展业务，助力其汽车、航空和电子等出口加工工业快速发展。

摩洛哥政治和社会长期稳定，实行君主立宪制，经济开放度和宗教容忍度高。摩洛哥是非洲联盟、阿拉伯联盟、伊斯兰合作组织、不结盟运动等国际组织的成员。法国和西班牙是其最大贸易伙伴，欧盟和阿拉伯国家分别占其外部投资来源的73%和19%。

中摩关系方面，两国建交已六十年，保持了良好的双边关系。2016年摩洛哥国王成功访问中国，中摩双边关系提升为战略伙伴关系，合作不断提速。摩洛哥可以成为中国在非洲开展“一带一路”合作的重要伙伴。

2. 中摩经贸合作务实深入

近年来，中摩经贸合作务实深入推进，中方投资及第三方合作投资成为中摩经贸合作新亮点。第一，全球领先的铝制车轮生产商中信戴卡股份有限公司决定投资3.5亿欧元在摩洛哥北部兴建两个铝车轮工厂。中摩双方同意，第一个工厂将建在盖尼特拉大西洋自贸区，自 2019 年起开始运营。第二个工厂稍晚将建在丹吉尔科技城，这是中国在非洲“一带一路”开展产能合作的重要案例，发挥了中摩合作的比较优势。

第二，由中国电建集团所属山东电建三公司与西班牙赛能公司组成联合体，总承包 580 兆瓦努奥超大型光热加光伏发电项目二期和三期工程。这是中国企业首次走向海外光热发电 EPC 市场。2018 年 1 月，二期项目并网成功，三期项目于 2018 年 3 月完工后试运行，于 10 月正式投入运营。其中，三期的 150 兆瓦塔式光热发电项目并网发电后，已成为全球单塔装机最大的塔式电站。这是中国与第三方合作在非洲建设“一带一路”的成功案例。

第三，湖北富邦科技股份有限公司与全球最大磷矿企业摩洛哥磷酸盐集团（OCP）合作改造磷酸盐生产线，共同开发非洲农业市场。富邦科技 2015 年成功并购欧洲最大的化肥助剂企业荷兰诺唯凯，随后又收购或控股加拿大、法国多家高科技企业，掌握了国际先进的土壤 CT 检测技术，在全球拓展了数百家客户。富邦依托在磷矿资源的高效利用及增值肥料方面的创新技术，帮助 OCP 提升了磷矿利用率和磷矿产品附加值，双方合作可以获得双赢的结果。

第四，中国重汽在卡萨布兰卡与当地的企业合资设立了卡车装配厂。通过散件进口、整车组装销售，在当地创造了 140 人的就业，并在市场上获得 3%—5% 的价格优势。同时，吉利汽车也在与摩洛哥接触，准备在摩洛哥设厂生产汽车，除了在本地销售，还向欧洲国家出口。

类似项目还有华为与法国阿尔斯通合作，沿 380 千米铁路线设置无线通信网络；徐州重工在摩洛哥首都火车站扩建工程中首次出口重型装备 650 吨轮式吊车等。这些案例均显示，中摩产业合作不是仅仅聚焦资源产业和基础设施，而是依靠国内企业的技术势力和管理能力“走出去”，开拓出不同于其他非洲国家的中非“一带一路”建设合作发展之路。

除了工业产能合作项目外，中摩合作的最优先项目是旅游业。短短几年前，来摩旅游的人数还徘徊在万人以内，自从摩洛哥决定对华免签后，旅游人数飞速增长，2017 年即超过 11 万人次，2018 年更是创纪录地超过 18 万人次。摩洛哥 2018 年全年接待外国游客 1228 万人次，以欧洲游客为主，中国游客只占摩洛哥外国游客总量的 1.5%，还有极大上升空间。摩洛哥旅游部门已做出规划，准备迎接 100 万中国游客，从而使中国达到和欧洲国家一样的水平。旅游业的蓬勃发展不仅极大地促进了中摩经贸关系，有利于双边经贸关系平衡，更通过促进当地消费和改变经济结构加强了中摩政治和外交关系，是“一带一路”人心相通的一个范例。

当前“一带一路”倡议深入推进中摩务实合作，要抓住发展契机，将两国友好关系推向新的发展阶段。中摩关系近年来不断升温，国王两次访华。双方合作意愿高涨，合作领域众多，增量潜力巨大。

深化双方经贸合作。中国和摩洛哥可以在产能方面加强合作，进行第三方市场开发。摩洛哥正着力吸引外资以加快工业发展，希望外国企业在工业、新能源、农业、旅游等领域扩大投资、转让技术并创造就业。“一带一路”倡议可以与摩洛哥的工业发展战略有效对接，协助摩洛哥实现工业化目标。

（二）科特迪瓦

1. 国家概况与中科关系

科特迪瓦位于非洲西部海岸，东接加纳，南临几内亚湾，西及利比里亚和几内亚，北邻马里、布基纳法索。科特迪瓦国土面积为322463平方千米，排名世界第69位。根据2018年的人口估算，科特迪瓦总人口为2300万，居世界第54位，西非第2。全国共有69个民族，主要分阿肯族系（约占41.1%）、曼迪族系（约占27.5%）、克鲁族系（约占11%）和沃尔特族系（约占17.6%）四大族系，其他族群约占总人口的2.8%。

科特迪瓦自然资源非常丰富，主要矿藏有钻石、黄金、锰、镍、铀、铁和石油。已探明的石油储量约2.2亿桶，天然气储量1.1万亿立方米，铁矿石15亿吨，铝矾土12亿吨，镍4.4亿吨，锰3500万吨。目前，矿资源开发对国民财富的贡献率不到1%，矿产资源开发占国内生产总值不到5%，仅有黄金和锰实现工业化开采。为扩大政府收入来源，该国正在大力发展矿业。在黄金、锰和镍的出口推动下，2017年科特迪瓦矿业回升

11.5%，矿产品出口额累计5390亿西非法郎。其中，锰矿产量飙升146%，达到51万吨。黄金产量为25.4吨，增长2.15%。2017年，科特迪瓦开始生产镍，产量为38万吨。

殖民时代，科特迪瓦（象牙海岸）就是非洲贸易的中心，以贩卖象牙著称。科特迪瓦的经济首都阿比让是西非最大的天然良港，不仅是本国和马里、布基纳法索、尼日尔等内陆邻国的出海口和进出口货物集散地，也是中西非其他港口的中转港口。阿比让港2017年吞吐量达到2171万吨，装卸集装箱63.4万个。阿比让港有一条通往阿比让中心市区的运河，长约15千米，可容万吨巨轮通过。这条运河成为连接科特迪瓦与大西洋的脐带，使阿比让成为西非地区的商贸集散地。科特迪瓦的公路网四通八达，系西非地区公路最发达的国家，总长近8.3万千米，占整个西非经济货币联盟（西非八国）道路里程的45%。航空交通十分便利，全国有大小机场28个，其中阿比让、布瓦凯、亚穆苏克罗三个机场可供大型飞机起降，阿比让、亚穆苏克罗、曼镇、达劳亚、加尼奥阿、丁博克罗、萨桑德拉和布瓦凯是全国8个主要机场。依托资源优势和港口运输，2018年科特迪瓦国内生产总值达到454亿美元，近3年增速均超过7%，人均GDP达1774美元。

科特迪瓦政府推进雄心勃勃的投资计划，即到2020年将国家发展成为一个新兴经济体，同时继续降低贫困比例。第一个国家发展计划（2012—2015年）期间，国家收入增加了86亿美元（相当于43190亿非洲法郎）。第二个国家发展计划

（2016—2020 年）期间，为了确保可持续增长，大力鼓励私营企业的发展，并且进行结构性改革。得到改善和巩固的政治环境和政局稳定，包括和平改善安全环境、牢固的民主基础以及打造具有吸引力的营商环境。

中科两国 1983 年正式建交。中国到科特迪瓦空运要走 1.5 万千米、海运 1.9 万千米，可谓山海之远。科特迪瓦内战结束后，随着社会经济的恢复，中科双边合作关系不断深化，中国在科特迪瓦一大批标志性项目建设完成，这些项目在科特迪瓦为中国赢得了很好的声誉。一方面，科特迪瓦希望借鉴中国经济发展的经验，政府推出了“2020 新兴国家战略”；另一方面是中国企业看好科特迪瓦的发展优势和投资机会，双方还有很大的合作潜力可挖。

2. 中科合作务实深入

中科合作近年来非常活跃，中国向科特迪瓦提供的援助项目包括阿比让文化宫、精英学校、阿比让—大巴萨姆高速公路、苏布雷水电站等项目，在建项目主要是阿比让港口扩建和科特迪瓦奥林匹克体育场。

（1）阿比让港口扩建项目

阿比让港口扩建项目主要承建新集装箱码头建设，同时进行旧防波堤拆除及新防波堤重建工程，是中国港湾五公司在非洲的第一个大型项目。防波堤工程建完后，河口宽度将从 200 米扩大到 250 米，将大大增强运河的通航能力。该项目也是科特迪瓦总统瓦塔拉第一任期内最大的工程项目，项目总投资9.33亿美元，资金85%由中国进出口银行提供优惠买方信贷。项目建成后，阿比让港将成为西非第一大港，有利于加强阿比让港在非洲大西洋沿岸的枢纽港地位，推动科特迪瓦国民经济的发展。目前工程已完成80%并将于2019年全部建成。阿比让扩建工程大量采用全球领先施工技术，施工高峰时，同时作业各型专业船只50余艘，场面蔚为壮观，吸引了远近居民和邻国官员来现场考察。由于阿比让港扩建工程的示范效应，中港湾公司在西非获得了良好声誉和更多的工程订单。

（2）科特迪瓦奥林匹克体育场项目

中国援建的科特迪瓦奥林匹克体育场项目由北京建工承建。该项目占地20万平方米，投资总额7.5亿元人民币，预计2019年年底建成。建成后，科特迪瓦将拥有一座6万座的特大型现代化体育场，这也是非洲最大、最现代化的体育场之一。该体育场将承担非洲国家杯足球锦标赛赛事，并推动科特迪瓦体育事业发展。值得一提的是，中国的设计者在设计体育场的过程中，大量吸收了当地文化中的色彩、图案，充分体现了非洲特色，受到了科特迪瓦方面的赞赏。同时，施工方雇用了一大批当地人参与施工建设，并教授他们建筑施工知识，创造了就业，赢得了当地人民的好评。

（3）华为在科特迪瓦的业务拓展

与大部分中资企业一样，华为进入西非市场时，面临强大的法国竞争对手——Orange法国电信公司。华为与南非MTN公司合作，凭借交付优势和及时响应，在当地树立起了品牌。华为在科特迪瓦合规经营，依法纳税，自觉履行社会责任。华为制订种子计划，每年免费培训200多个学通信行业的科特迪瓦学生，并通过考试选10人前往中国华为总部参观。通过内部培训和选拔，华为科特迪瓦分公司的本土员工超过七成，有些已经被提拔为部门经理。华为为科特迪瓦带来廉价的4G通信，使该国的手机上网实现了跨越式发展。

（4）中材国际水泥厂项目

科特迪瓦是中国中材国际工程股份有限公司将在非洲大陆开建水泥厂计划的一部分，目前，中国中材已在喀麦隆、埃塞俄比亚、肯尼亚、马里、尼日尔、塞内加尔、赞比亚、科特迪瓦和加纳建立了9个水泥厂。中国中材看好非洲基础设施建设的前景，中材旗下水泥企业在科项目完工后，年产能将达到120万吨，能有效缓解水泥供给瓶颈。

科特迪瓦现任总统阿拉萨内·德拉马纳·瓦塔拉（Alassane Dramane Ouattara），2018年参加了中非合作论坛，并对我国进行国事访问，重点讨论了“一带一路”合作。在中非合作论坛框架下，中科务实合作深入推进。

（三）加蓬

1. 国家概况与中加关系

加蓬地理位置重要，地处非洲中部西海岸，横跨赤道线。加蓬人口198万，人均收入7441美元，居民生活水平位居非洲前列。

加蓬工业发展资源潜力巨大。加蓬自然资源丰富，享有“资源宝库”和“绿金之国”的美誉。主要有石油、木材、锰矿等。可开采的石油储量约4亿吨。锰矿蕴藏量2亿吨，占全球已探明储量为1/4。铌矿储量约40万吨，占世界总储量为5%。铁矿储量8亿—10亿吨，品位在60%以上。其他矿藏有磷酸盐、黄金、重晶石、镍、铬、锌等。

森林面积占国土面积的85%。原木储量约4亿立方米，居非洲第三位。全国有400余种商业树木，主要有奥库梅木和奥齐戈木，其中奥库梅木的蓄积量为1.3亿立方米，居世界第一位。2011年，中非工业园区“恩考克经济特区”落户加蓬首都利伯维尔南部。特区引入中国工业园区的开发管理经验，大力吸引中资公司入驻。目前，已有十几家私营中资公司进入特区，建设了木材加工、建材制造、金属冶炼等工厂，几百名加蓬工人与中国技术人员并肩工作。

加蓬的陆路运输不发达，全国只有1条铁路，由法国人设计兴建，是一条客货两用铁路。该铁路1986年建成，连接港口和锰矿产地，不到700千米。加蓬目前的国内运输依赖公路，进出口货物以海运为主，但该国的陆上交通网络、港口设施的运行能力满足不了国内矿石、木材等物资运输的需求。同时，加蓬全国电网也由法国修建，由于形成几个独立的网络，标准不统一，对加蓬国内发展工业形成了制约。

2. 中加合作务实深入

加蓬正推行多元化外交，积极发展与中国关系。2012年，加蓬政府制定了“新兴加蓬战略规划”，目标是在2025年将加蓬建设成为一个新兴国家，成为中非地区的桥头堡和非洲的地区中心。加蓬政府每年将10%的石油收入注入加蓬战略投资基金（FGIS），用以推动“新兴加蓬战略规划”的实施。加蓬有能力也有意愿将“新兴加蓬战略规划”与“一带一路”倡议对接，欢迎我国对其基础设施、工业、矿业、服务业等领域进行投资。

近年来，加蓬借鉴中国地区发展经验，成立了国家投资促进署（国投署）。其最大特色就是“一站式”服务，整合了工商、税务、劳工、海关、移民、银行等十几个部门集体办公，为企业提供完整的办事流程。加蓬总统每年两次在此召开会议，现场为企业家解决问题，推动修改法律，改善营商环境。三年来，国投署已为上万家新公司办理注册登记。加蓬国投署的好几位工作人员都到过中国，对中国发展速度和政府办事效率印象深刻，因此积极运用中国的招商引资办法，努力创造良好的投资和营商环境。

二　几点思考及建议

在非“一带一路”建设，应着眼于所需的非洲巨量资源和广阔市场，以政治共识和发展战略对接为引领，首先从帮助非洲建设急需的交通和电网等基础设施开始（这也是开发非洲资源的首要关键一步），再帮助非洲建设工业园、经济特区等，为其建立基本经济结构，并带动非洲的城镇化发展，促进非洲的经济发展和民生改善。这样，一方面，非洲因“一带一路”实施，其经济社会面貌将有一个彻底改观，从而获得阶跃性发展；另一方面，可帮助非洲实现有序、有效的开发，有利于解决我国发展所需的资源问题，并随着非洲经济发展开拓出广阔市场。最终将真正获得中国与非洲的双赢格局。按照这个设计，根据我国经济实力和非洲现有形势，应按照一个科学路向逐步推进在非洲的“一带一路”建设。

1. 政治引领，基建先行

非洲发展的最大问题和瓶颈就是基础设施十分落后，如交通运输、电力等。没有基础设施，其他的所有经济发展都无从谈起，而基础设施建设正是中国优势之所在（我国拥有技术、设备、产能、经验、质量优势及成功案例）。为此，应首先就此与非洲国家推动深化这种共识，在推进“一带一路”建设中，首先要解决其基础设施建设问题，这不仅是非洲国家的需要，也是中国在非洲长期发展的需要，而且是我国的产业优势。

2. “由边入内”原则

即先从沿海建设，再逐步推向内陆，这主要是从交通运输的角度考虑。由于非洲绝大多数国家交通、电力等基础设施十分落后，若不考虑地域差别而盲目投资建设，则内陆项目建设因运输不畅且无电力保障而难以推进获得成效。而沿海有港口作保障，基建、运输相对难度较小，若从沿海开始建设基础设施，将互联互通逐步推至内陆，则效费比高且可有序、持续发展。这样，也有利于非洲大陆的有序、高效发展。

3. “长短效益兼顾”原则

对非的“一带一路”建设，要从全局和长期利益考虑，而不仅仅着眼于短期利益。对具体的项目投资建设，同样也要既考虑当前效益，又考虑远期收益。比如，若某国资源丰富但该国交通设施太差，即使开采也无法输出，这就需要通盘考虑、长远规划，与该国就交通、电力等基础设施建设与资源开发一并统筹考虑、达成协议。这样，既可解决其基础设施建设问题，改善其民生，又能使其在资源上有收益。